世界上最伟大的文学家

徐勋民◎编著

经典插图

青少年课外读物
强力推荐读本

阅读此书会晤百年来的文学巨匠，从他们成功的轨迹中，汲取我们成长的力量。学习文学巨匠们认准目标，百折不挠，严谨认真，勇于挑战，甘于寂寞，淡泊名利的精神与品格，以开创自己成功的人生。

古吴轩出版社

图书在版编目（CIP）数据

世界上最伟大的文学家／徐勋民编著. —苏州：
古吴轩出版社，2012.9
ISBN 978-7-80733-894-9

Ⅰ.①世… Ⅱ.①徐… Ⅲ.①文学家—生平事迹—世
界—青年读物②文学家—生平事迹—世界—少年读物
Ⅳ.①K815.6-49

中国版本图书馆 CIP 数据核字（2012）第 198141 号

责任编辑：王　琦
见习编辑：陆九渊
装帧设计：北京盛世博悦

书　　名：**世界上最伟大的文学家**
编　　著：徐勋民
出版发行：古吴轩出版社
　　　　　地址：苏州市十梓街458 号　　邮编：215006
　　　　　Http：//www.guwuxuancbs.com　E-mail：gwxcbs@126.com
　　　　　电话：0512-65233679　　　　传真：0512-65220750
印　　刷：北京市凯鑫彩色印刷有限公司
开　　本：710×1000　1/16
印　　张：13
字　　数：144 千字
版　　次：2015 年 6 月第 1 版第 2 次印刷
书　　号：ISBN 978-7-80733-894-9
定　　价：29.80 元

如有印装质量问题，请与印刷厂联系。010-52219061

内容简介

　　文学家是指在小说、散文、诗歌、戏剧、随笔等方面，发表、出版了有一定质和量的作品，且有一定影响力的人。专门从事文学研究活动的成功人群，以创作文学作品为自己的主要工作。

　　古今中外产生了许多著名的文学家，他们的故事有太多太多，这些感人的故事都会让我们心潮澎湃，思绪万千。本书集中向读者介绍世界上最著名的 12 位文学家的方方面面。除了讲述这些人的成就、坎坷、奋斗、人品、生活趣事，还讲述了一些大师别有一番滋味的故事。你不仅可以清晰地看到他们披荆斩棘，最终走向华灯璀璨的颁奖殿堂，并且，你还有幸分享他们获得成功时的喜悦与激动，以及遭受挫折时身临其境般的沮丧与懊恼。同时，你除了从流畅、引人入胜的故事中一览文学殿堂的五光十色外，你更可以感受到从呱呱坠地之时与普通人无从区别的这些巨匠们到底是怎样逐渐成长起来的。希望读者们，尤其是广大青少年朋友们，看了本书，能够学习伟人们认准目标、百折不挠、勇于挑战、甘于寂寞、的精神与品格，以开创自己成功的人生。

目　录

一、莎士比亚

二、巴尔扎克

三、托尔斯泰

四、雨果

五、海明威

六、歌德

七、高尔基

八、普希金

九、泰戈尔

十、塞万提斯

十一、庄子

十二、王安石

一、 莎士比亚

莎士比亚（1564—1616），文艺复兴时期英国最伟大的剧作家、诗人，世界上最著名的作家，同时也是欧洲文艺复兴时期的人文主义文学家。马克思称他和埃斯库罗斯为"人类最伟大的戏剧天才"，又被人称为"时代的灵魂"。此外，他被后人尊称为"莎翁"。

创作的大部分作品被译成多种外文，其创作的剧本也在许多国家上演。代表作：四大悲剧《哈姆雷特》、《奥赛罗》、《李尔王》、《麦克白》，著名喜剧《仲夏夜之梦》、《威尼斯商人》、《第十二夜》、《皆大欢喜》，历史剧《亨利四世》、《亨利五世》、《查理二世》，悲喜剧《罗密欧与朱丽叶》。此外，还写过154首十四行诗，两首长诗。

中途辍学

　　1552 年，莎士比亚的父亲约翰·莎士比亚在爱文河畔的斯特拉福镇定居，这个小镇距伦敦 150 公里，北边是亚登森林，莎士比亚在以后的作品中曾经提到过。

　　父亲平日里做羊毛、羊皮和木材生意，母亲是大地主的女儿，名叫玛丽·阿尔丁，父亲同她结婚后，家庭条件大为改善。1564 年莎士比亚出生，他是家里的长子，父亲为他取名为威廉·莎士比亚，他还有 7 个兄弟姐妹。

　　斯特拉福镇位于沃里克郡，地理位置非常优越，在英国纺织业快速发展的过程中，逐渐发展成了商品贸易的枢纽，这给居住在此的商人带来了极大的便利。因此，约翰·莎士比亚很快就发大财了，在城里买了几处房产，还参与了镇上的行政工作，担任镇上的议员，后来又被推选为镇长。

　　小莎士比亚的童年时代，正值父亲生意兴隆，仕途得意之时。但好日子不长，没过几年，父亲的生意渐渐的清淡，家道也随之没落。屋漏偏逢连阴雨，正当父亲生意不景气时，他在镇上的议员资格也被取消。从此，莎士比亚的家开始负债累累，父亲甚至抵押了妻子的遗产以维持生计。

　　7 岁时，小莎士比亚被父亲送到当地的一个文法学校读书，这所学校在当时的斯特拉福镇颇有名气，并且市政委员会成员的子女可以免费就读到 12 岁，也就是说小莎士比亚可以免费读 5 年。在这期间，他掌握了写作的基本技巧，并学到了丰富的知识，除此之外，他还学习了拉丁语和希腊语。

　　后来，由于父亲破产，家庭生活困难，莎士比亚不得不辍学回家自谋生路。从学校回家后，他不得不帮助父亲做了一段时间的生意，也曾到肉店当学徒，到乡村学校当教师，还做过其他各种职业，这使他增长了社会经验。

　　熟识莎士比亚的剧作家本·琼生曾经评价过他说，莎士比亚懂得的拉丁文不多，希腊文更少。这并非是说他文化素养低，而是意在莎士比亚并没有读太多的书，也没有进入大学深造，对古典文学没有达到渊博贯通的程度，却能写出杰出的作品，实在难能可贵。

　　事实也正是如此，一个创造了高深艺术的人并不一定要具备高深的知识，一个没有受过高等教育的人也可以学习写作，并且写得相当出色，只要他读过相关的书籍，并留心观察周围的人和事，他就能给人一种博学多才的印象。

　　比如说，莎士比亚想了解法律方面的知识，他不必要也不可能再系统地攻读法律著作，只需记住一些术语，熟悉一些案例，写出来的文章就像专家写的。所以，我们在读莎翁的剧作时，往往会把作者想象为一位曾周游列国、学识渊博、无所不知的天才，并且也是一位出入本国和外国上流社会的贵族。事实正好相反，莎士比亚并没有高深的知识，也不是什么上流社会的人。

　　对莎士比亚这样的艺术家，才气横溢的外表并不一定反映实质上的博学多闻，通过想象力这根魔棒，可以幻化出一切自己想要的东西。

在戏剧行业闯荡

莎士比亚18岁时，与家乡附近的一位农村姑娘安妮·哈撒薇结婚，第二年，他们的第一个女儿出生，取名苏珊娜，后来又有了一对双胞胎儿女，分别是哈尼特和朱迪丝。

据说，莎士比亚年轻时，曾经和邻村的一些人，私自闯入家庭富裕的大财主托马斯·露西长官的土地上偷猎，结果被管家发现，他为此挨了打。莎士比亚心里不服气，就写了一首讽刺大财主的打油诗，结果传遍了整个乡村。托马斯·露西不堪忍受别人的嘲笑，想尽一切办法要惩治莎士比亚。为此，莎士比亚只好只身逃往伦敦避难。

不管事实究竟如何，莎士比亚的确是从斯特拉福德小镇来到了伦敦，到达伦敦之时，正逢女王伊丽莎白统治下的英国进入鼎盛时期。当时，起源于意大利的文艺复兴运动已传遍整个欧洲大地，文艺复兴是一场文化思想上的解放运动。

在此之前，欧洲一直受封建专制的统治，历史上称这一时期为黑暗的中世纪。教会与王权相互勾结，限制了人们对物质生活和自由思想的追求，从而严重阻碍了社会生产力的发展。但随着手工业、商业的缓慢发展和积累，新的生产关系已经出现在封建社会中，市民逐渐形成了资产阶级。为了提高生产力，他们必然要追求物质的迅速发展，进而在政治上寻求更高的地位。

在文化思想方面，新兴的资产阶级坚持反对宗教神学的禁欲主义。大量的文人学士举起复兴古希腊罗马文化的旗帜，提出对社会现实的要求。他们主张个性解放，以人为本而不是以神为本，换句话说，就是要遵从理性破除蒙昧主义，给人以自由发展的机会。

对于英国，主要问题集中在政治斗争方面。自15世纪后半叶以来，英国贵族之间为争权夺利进行了长久的斗争，结果却弄得两败俱伤，都铎王室统一了整个国家。到伊丽莎白一世时，中央王权的权利达到了顶峰，王室为了对付封建贵族的割据势力，必须与新兴的资产阶级联手，采取有利于工商业发展的政策。经过一系列的措施，英国出现了经济繁荣，政局安定的状况。

伴随着经济的繁荣发展，戏剧事业也日益繁荣。在中世纪时期，文学只是宗教的辅助形式，戏剧则是其宣传的主要形式。其实，早在莎士比亚幼年时期，他就接触了戏剧艺术，对戏剧表演十分熟悉。那时的戏剧舞台到处都是奇迹剧，大部分都是《圣经》里的故事，而文艺复兴运动的到来，使人们找到了古希腊罗马的悲剧和喜剧佳作。

除此之外，民族戏剧也在逐步发展。这是一种所谓的插剧，是出现在戏剧演出间隙里的一种短剧，其中有杂耍，插科打诨，滑稽逗趣，一般有一个故事情节。到16世纪中叶，有剧作家开始为插剧写剧本，大多是模仿古典悲剧、喜剧，但也促使了民族文学向前迈进。

到莎士比亚青少年时期，演剧在英国被正式确定为合法的职业，剧团越来越多。与此同时，剧院的建设也加快了步伐。此前，奇迹剧和道德剧的演出地点都是教堂，是作为宣传神学的工具。伴随着插剧的兴起，剧作的演出地点就转移到集市、广场或旅店前。之后，插剧就转向比较正规的悲剧或喜剧，出现了以演戏为生的演员，专门的剧场也就应运而生。

剧场有两类，一类是公共剧场，一类是私人剧场。一般地，公共剧场没有屋顶，中央是池座，周围是包厢，舞台延伸到池座中。在演出时，观众大体上是包围着演员，距舞台很近。这类剧场主要针对广大百姓，价格较便宜，只能白天演出。私人剧场在建筑上比较讲究，有屋顶，有灯光照明，晚上也能演出，但票价比公共剧场高得多。

在这种情况下，戏剧行业发展迅速，剧团和剧院越来越多，对剧本的需求也大大增加。当时的剧院，剧目更换很频繁，有许多戏因不受观众欢迎，演过一次就被取消了，而那些受欢迎剧目重演的次数也不多。基于现实的需求，在当时英国出现了大量的剧作家，这些人大部分都接受过高等教育，有较好的古典文学修养，受过人文主义思想的熏陶。他们在民间戏剧的基础上，加入古典与外国戏剧的养分，写出了许多优秀的剧作。其中，比较著名的有托马斯·基德写的《西班牙悲剧》，罗伯特·格林的

《僧人培根与僧人班歌》等。

　　莎士比亚刚到伦敦时，由于家庭条件不好，再加上没有上过大学，在伦敦这个陌生的城市，没有什么靠山，很难找到像样的工作。最后，在一个叫理查·菲尔德的老乡的介绍下，他在剧院门口找到了一个专职马夫的工作，专门侍候看戏的贵人。

　　过了一段时间，他又当了一名雇佣演员。那时，一家剧团一般由三个等级的演员组成，上等为股东演员，扮演主角；二等为雇佣演员，扮演配角；还有几个童生扮演女角（那时女子不能登台演出）。莎士比亚一边演戏，一边打杂。

　　再后来，莎士比亚从雇佣演员，做到导演，再做到编剧，并最终成为剧院的股东。由于他善于观察、揣摩、工作很勤奋，因此在短短的几年中，他学到许多东西，为日后的发展奠定了基础。

独立创作剧本

在戏剧行业闯荡一段时间后，莎士比亚对这个行业有了深入的了解。他刚到伦敦的时候，正值剧作家的作品风靡，莎士比亚深受影响。尤其是马洛对莎士比亚产生了很大影响，从1588年前后开始，莎士比亚开始写作，最初是改编别人的剧本，后来渐渐地开始独立创作。

当时的剧作家，大多都受过高等教育，毕业于牛津大学或剑桥大学，常常以"大学才子"自居。对莎士比亚这样没有高深知识的人也来创作剧本，曾经有一个成名的剧作家以轻蔑的语气写文章讽刺莎士比亚是"粗俗的平民"、"暴发户式的乌鸦"竟敢和"高尚的天才"一比高低！但莎士比亚的剧作已出炉，就受到了包括大学生在内的广大群众的欢迎。

从1590年开始，莎士比亚创作的《亨利六世》三部曲一经面世，就为他带来极高的声誉。该剧本描述的是一位英军统帅塔尔博率军抗击法军的场面，非常受观众的喜爱。对此，剧作家托马斯·纳什写到："法国人所害怕的无比英勇的塔尔博想到这里会多么高兴：当他在坟墓里躺了200年之后，竟会在舞台上又一次显示神威，他的尸首会重新受到至少一万名观众（在多次演出中）的热泪冲洗，这些观众在扮演他的悲剧演员身上，幻想看到他重新在流血。"由此可见，莎士比亚的作品带给人们的影响有多大。

1592年夏天，伦敦出现了瘟疫，持续了两年时间。由于鼠疫的不断爆发，迫使许多剧院不得不关门。为了生计，剧团不得不到外地巡回演出。因为当地居民害怕被传染而屡遭拒绝，演员们无以维持生计，我们陷入极端贫困的境地，整个戏剧行业处于低迷状态。在此期间，莎士比亚集中精力积累学识和戏剧素材，他阅读了大量的书，和各个阶层的人交往，积累了丰富的社会经验，并在文学上做了多方面的尝试。同时，他也阅读了许多古典著作，并进行模仿创作，比如，他以普劳图斯的《孪生兄弟》为模板，写出了《错误的喜剧》。

接下来，莎士比亚又写了《驯悍记》、《维洛那二绅士》，在戏剧创作上逐渐走向成熟。在创作悲剧方面，他学习罗马戏剧家塞内加和"大学才子"派的基德而写了《泰特斯·安德洛尼克斯》。在其他方面，莎士比亚还尝试着写了两首叙事长诗《维纳斯和阿童尼》及《路克莱丝》。第一首诗描写的是爱情的美艳及其不可抗拒的力量，是对爱的赞颂；第二首诗则是对荒淫强暴的行为进行谴责。这两首诗都是写给他的庇护人骚桑普顿亨利·娄赛斯雷的，他是一位年轻有权势的贵族。因为，在当时文艺并不独立，必须有达官贵人保护，作家才能保证不受侵害而生存下去，这是当时的社会风气。借助于骚桑普顿亨利·娄赛斯雷的关系，莎士比亚走进了贵族文化沙龙，使他对上流社会有了观察和了解的机会，扩大了自己的生活视野，为日后的创作提供了丰富的素材。

当那场可恶的鼠疫终于结束后，戏剧行业慢慢地开始恢复了。剧院重新开张，莎士比亚成了宫内大臣剧团的剧作家，后来逐渐发展为该团的股东，持有相当多的股份。1594年，为庆祝圣诞节，莎士比亚跟随剧团进宫演出，女王奖赏了三个人：一个是著名喜剧演员威廉·肯普，一个是著名悲剧演员理查·伯贝奇，他们都是剧团的支柱，另一个就是莎士比亚。可以看出，当时莎士比亚在剧团的地位和在社会上的声望有多高。

这个时期是莎士比亚创作的黄金时期，他具有旺盛的创造力，几乎每年都有剧作问世，在思想内容和艺术技巧也趋于成熟。他一共写出了13部戏，其中有6部喜剧，2部悲剧，5部历史剧。因为当时的社会没有明显尖锐的矛盾，所以他的剧作总是一派欢乐和详和，显得生机勃勃。例如，在历史剧《亨利四世》和《亨利五世》中，尽管描写的是的战争和暴乱，但主调却是乐观向上，充满信心的。即便是悲剧作品《罗密欧与朱丽叶》，也洋溢着浪漫的情绪，宣扬了人文主义的美好理想：享受自由的爱情，过上幸福的生活。

莎士比亚在创作《约翰王》时，他的儿子哈尼特夭逝，这让他十分悲痛。在这部作品中，他借作品人物之口说出大段悲哀的话，曲折地表达了丧子之痛。

此时，莎士比亚在事业上取得了相当大的成功，收入颇为丰厚。1596

年，他得到了王室颁发的绅士家徽，这是根据个人财产确定的一种荣誉，这是他父亲梦寐以求却从未得到的。第二年，他在斯特拉福镇买下了一套房屋，取名为"新地"。另外，他还置了一些田产，每年可以从中收取一笔相当可观的租税。

伊丽莎白女王对莎士比亚赞赏有加，1597 年，莎士比亚完成了历史剧《亨利四世》的创作，塑造了一个非常有趣的喜剧人物形象约翰·福斯塔夫。女王观看演出后，非常高兴，要求莎士比亚再写一部喜剧，增加福斯塔夫爵士向女人求爱的情节。莎士比亚接到任务后，很快就完成了《温莎的风流娘儿们》。

可以说，莎士比亚的创作达到了顶峰，大学人士 F. 米尔斯在他的《智慧的宝库》中，曾经列举了莎士比亚 35 岁之前创作的剧本，称赞他的喜剧、悲剧都是无与伦比的，可以和古代第一流的戏剧大师们相提并论。

莎士比亚一生共创作了 37 部作品，根据他的思想和艺术风格随时代的不断发展，可以分为四个阶段。第一阶段是初期，也可称为尝试期，主要作品是历史剧和喜剧，时间大致是 1590 年到 1594 年；第二阶段是成熟期，创作了许多杰出的喜剧和历史剧，并开始悲剧创作，时间为 1595 年到 1600 年；第三阶段为高峰期，也就是创作悲剧时期，没有了历史剧，只有少数几个喜剧，时间为 1601 年到 1606 年；第四阶段为终结期，除了一部历史剧外，以创作传奇剧为主，时间为 1608 年到 1613 年。

除了写各种剧本，莎士比亚还写了很多十四行诗，这是在意大利流行的一种抒情诗的形式。莎士比亚一共写了 154 首十四行诗，先以手抄的形式相互流传，直到 1906 年编辑成册，公开发行。

把莎士比亚全部的十四行诗联系起来看，具有一定的连续性，大致上讲的是一个贵族青年从诗人手中夺走了他心爱的人，那是一个肤色黝黑的女人。后来，那个贵族青年与诗人断绝关系，并与另外一位诗人结交。从诗的内容上可以判断，前 126 首是写给贵族青年的，最后两首是改编的希腊诗内容，其余的都是写给那位"黑美人"的。

在这些十四行诗中，莎士比亚展现了自己丰富的内心世界，欢乐与苦恼，以及对外界事物的看法。

最后的时光

  1599 年，在伦敦泰晤士河的南岸玫瑰剧院附近，莎士比亚和宫内大臣剧团的同事们利用大剧院拆掉剩下的材料，修建了一座新剧院"环球剧院"。10 年后，莎士比亚所在的剧团又买下了一座名为"黑袍僧"的小剧院，这座剧院建有屋顶可供冬季演出使用。这样一来，他们的剧团就有两个场所，可以一年四季演出了。

  当伊丽莎白女王驾崩后，詹姆士一世即位，政局发生了变化。宫内大臣剧团也改名为国王剧团，莎士比亚和剧团中的其他演员被任命为御前侍从，仍旧和王室有着密切的关系。除了经常巡回演出外，他们还经常在宫廷参加演出，莎士比亚创作的剧本进而蜚声社会各界。

  同一年，伦敦又一次发生瘟疫，剧院再次被迫关门。莎士比亚从环球剧院附近搬到市中心区，住在蒙克维尔和西尔维两街交叉口附近，房东是一位法国人，叫克里斯多夫·蒙特乔依，专门为贵族妇女们制作高级发饰。

  蒙特乔依有一个到达适婚年龄的女儿，他的店里有一位法国学徒叫斯蒂芬·贝洛特，人品不错，店主很想把自己的女儿嫁给他，但是贝洛特当初并不愿意。于是，店主就请房客莎士比亚从中撮合他们两人，提出说如果贝洛特同意这门婚事，他会给女儿 60 英镑的陪嫁，等他死后会再留 200 磅遗产给贝洛特，有了这样的条件，贝洛特便答应娶店主的女儿为妻。

  但两个人结婚后，蒙特乔依并没有履行诺言。8 年后，贝洛特在法院起诉了自己的岳父。在调查过程中，法庭要莎士比亚出庭作证，此时他已经退隐回斯特拉福小镇，所以他又赶回伦敦，为法庭提供了证明。他承认曾经帮助双方促成婚事，也记得蒙特乔依确实许下过诺言，但究竟多少钱及何时支付他记不清楚了。随后，他在证词上签了名。这份材料极为珍贵，不仅因为它是迄今为止世界文物市场价格最高的签名，而且还说明莎士比亚乐于助人。

1607 年，大女儿苏珊娜嫁给了同一个镇上的一位有名的医生约翰·霍尔。第二年，莎士比亚当了外公，苏珊娜生了一个女儿名叫伊丽莎白。

从外孙女出生的那年起，莎士比亚的创作进入了最后阶段，此后他写了几部传奇剧，情节离奇曲折，主人公都历尽艰辛，最后侥幸地平安生存下来。很明显，他已经没有了早期写悲剧时的满腔激情，把矛盾写得纠结一团，不可解脱，而是转为寻求妥协的保守办法，以完美的结局来弥补裂缝。

莎士比亚 46 岁时，伦敦又一次发生瘟疫，自此他决定退出戏剧行业，退隐家乡。在随后的几年中，尽管他已经退出戏剧界，但他仍关心着戏剧舞台，继续创作剧本。

后来，他与国王剧团同事弗莱彻合作了历史剧《亨利八世》，并于同一年在环球剧场演出，莎士比亚亲临指导。不幸的是剧院失火被毁，戏剧演出只得停止，这使莎士比亚彻底抛开热闹的伦敦和繁忙的剧院，回到特拉福镇过宁静悠闲生活，享受天伦之乐。

晚年的莎士比亚，生活过得很安逸，在院子里种花栽木，到郊外悠闲

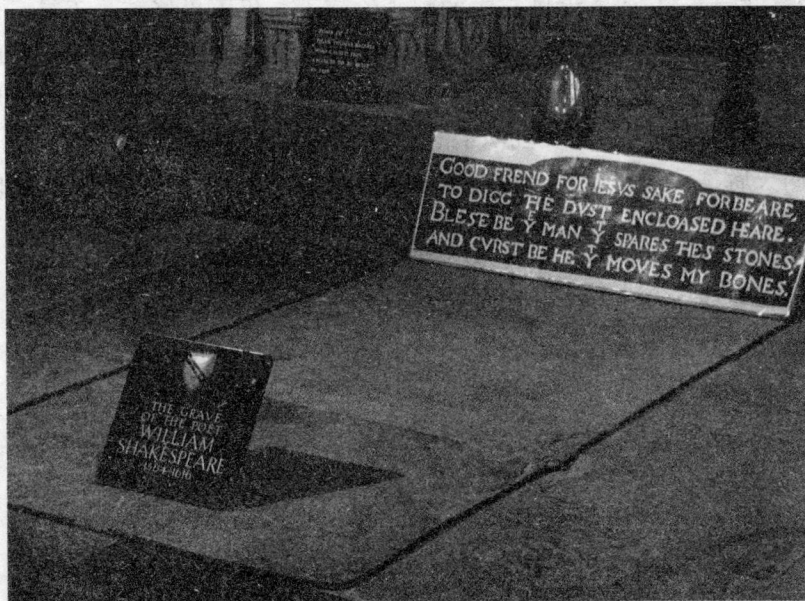

莎士比亚墓

散步，欣赏大自然的美景，他的心境归于平静，就像大风雨过后晴朗的天空。

1916年，莎士比亚的身体状况欠佳。在当时，立下遗嘱是作为一个乡绅晚年的责任，在他去世前两个月，他就请当地的律师柯林斯为他草拟了一份遗嘱。没过多久，莎士比亚的二女儿朱迪丝嫁给了他的好友理查·魁奈的儿子。于是，他就又找来柯林斯，将遗嘱做了一些修改，对财产的分配作了详细的规定。

遗嘱上规定：他的大部分财产归大女儿苏珊娜，包括"新地"住宅，亨利街住宅，土地和一些现金等；二女儿朱迪丝得到300镑现金和一个镀金的大银杯；妹妹琼得20镑和全部衣物，以及在亨利街住宅永久居住的权利。此外，他还赠送给当年伦敦剧团的老朋友约翰·赫明齐、理查·伯贝奇和亨利·康德尔等每人26先令8便士的戒指作为纪念，还安排了镇上的亲朋好友，甚至还留给贫民10英镑。至于妻子，按照当时的法律，自然地得到丈夫遗产的1/3，不必写在遗嘱上。此外，按照当时的习俗，家里最好的床用来招待客人。所以，遗嘱上只规定把次好的床留给她。

3月份的一天，莎士比亚参加了一次聚会，和老朋友多喝了几杯酒，结果得了热病。尽管在女婿霍尔的精心治疗下，仍不见好转。于是，他在遗嘱上签了名。在他过生日那天，这位伟大的戏剧家走完了人生最后的道路，赫然长逝。在遗嘱中他说："我希望并坚定地相信，我的灵魂将成为永恒生命的一部分。"事实证明了他的话：他的艺术与世长存。

两天后，莎士比亚被安葬在斯特拉福小镇的圣三一教堂里，在他的墓上刻着一首四行诗，好像专门写给后世那些想要掘墓的考据家们的。

看在耶稣基督的份上请住手，
勿挖掘这块石碑底下的尸骨。
谁在这里动土他将要受诅咒，
谁尊重我的遗体就会受祝福。

完成人生的画卷

　　一般的，按体裁分类，古希腊时代的戏剧分为悲剧和喜剧。随着时代的演变，戏剧又衍生出了其他种类。到莎士比亚时代，戏剧的类别更为繁多，但归纳起来大致可以分为四类，即悲剧、喜剧、历史剧和田园剧。这四类戏剧莎士比亚都写过，尤其以前三类最为著名。

　　1588年，英国舰队在与西班牙舰队的斗争中获胜，使国人的爱国热情高涨，剧作家们纷纷通过剧作来表达自己对帝国的自豪感，以及对其历史的浓厚兴趣。

　　莎士比亚创作的历史剧，除了《约翰王》和《亨利八世》，历史事件都具有连续性，描写从14世纪末到15世纪末这100多年间的历史。在此期间，英国经历了无许多大大小小的战争，弄得满目疮痍，民不聊生，而封建贵族之间的争权夺利给国家和人民带来了极大的危害。因此，莎士比亚在这几部历史剧中，表现了对和平社会的渴望，国家统一的重要性，这一切的根本还在于权力必须集中在王室。

　　当时的剧作家一般都是采用编年史的写法创作历史剧，也就是把历史事件按照发生的先后顺序描述一遍，要求真实而简洁。同时，因为这些戏剧大多描述历史上的大事件，很少涉及小人物或小事件。所以，许多历史剧写得很像历史书，可谓是帝王将相的家谱，描述的尽是王族与贵族们的生活，以及他们的文治武功。

　　在历史剧的素材上，莎士比亚主要采用与他同时期的历史学家荷林舍德写的《英格兰、苏格兰与爱尔兰编年史》。此外，他还参考了霍尔的《兰开斯特与约克两大贵族结合记》，在剧作中的观点和霍尔的看法一致。

　　莎士比亚的历史剧大多采用君王的年号命名，但内容描写的并不一定是君王，君王的年号只代表该剧所发生的年代。恰当地说，他的历史剧是以事件为中心而展开描述的。

喜剧，是相对于悲剧而言的。从字面上来看，这种剧本是逗人发笑让人看了高兴的，其结局往往符合人们的美好愿望，主角的命运总是朝着美好的方向发展，要么是矛盾得以化解，要么是有情人终成眷属。总之，会让每个人都欢喜。但喜剧也有别于一般的闹剧或滑稽剧，相对而言，喜剧比较正经、严肃一些。与悲剧一样，喜剧也是古希腊主要的戏剧形式。

有人说，悲剧是将有价值的东西撕毁了给人看，而喜剧是将没有价值的东西撕毁了给人看。具体地说，喜剧就是消除那些社会上不尽人如意的东西，它会有闹剧中的那种轻松欢快的场面，但也有更为完整的故事。还有人说过，喜剧描述的是生活中人们经常犯的错误，描写生活中可笑是事情，以此来提醒人们不要走别人的那条路。

到莎士比亚的时代，喜剧的观念也随着时代的发展而不断变化，莎士比亚创作的喜剧与古希腊罗马的喜剧有明显的区别。时代的需求是促使莎士比亚创作喜剧的一个因素，尽管当时很流行历史剧，但像福斯塔夫这样的角色，没有历史的痕迹，一个生动活泼的现实中人，备受人们欢迎。因此，为了迎合观众的欣赏趣味，喜剧的创作就迅速发展起来。

此外，宫廷对莎士比亚的喜剧创作也有很大的影响。女王非常喜爱戏剧，为了迎合她，出现了所谓的宫廷喜剧。专门为宫廷写的剧作家约翰·李雷采用一种被人称为"绮丽体"的风格来写剧本，莎士比亚受这种风气的影响，在早期的创作过中也模仿这种风格。随着时间的积累，莎士比亚的剧本作越来越成熟，形成了自己独特的风格，还经常到宫廷参加演出，深受人们的喜爱。

综而观之，欧洲文艺复兴时期是新事物不断涌现的时代，莎士比亚生逢其时，再加上他善于学习，注意吸取一切对自己有利的东西，从古希腊罗马的古典戏剧，到意大利的浪漫传奇，他都囊括于一身，融入到自己的喜剧作品中。

说到悲喜剧这一剧种，不免让人心生疑问：如果是喜剧，应该有一个比较完美的结局；如果是悲剧，结局会是悲惨和伤心的，悲剧和喜剧能够混在一起吗？对于这种类型的剧作，正是为了描述莎士比亚从喜剧到悲剧创作的一个过渡期。莎士比亚在此期间创作的剧本归类于悲剧，但从情节和结局上来看，包含有许多喜剧因素，但从剧本的主调上来看，却充满了悲剧的阴沉气氛的。

在古希腊戏剧史上，悲剧曾经有过辉煌的时代，亚里士多德认为，悲剧是对一个完整的、伟大的、可能的行为的模仿，这种行为是被剧作家表现出来而不是描述出来的，能够引起人们的恐怖和怜悯，通过这两种情绪的渲泻，从而帮助人们平息内心的激情。从结局上来看，悲剧总是与流血和死亡有关，大多数主角都要死去。

古希腊悲剧中的人物大多命运多舛，或相互之间有仇杀，往往会酿成"流血复仇剧"。此后的剧作家一直延续着这种写作思路，直到莎士比亚时代，这种写作风格还很流行，而莎士比亚更多地受古罗马戏剧家塞内加的影响，强调表现人性中的弱点，最终导致悲剧的发生。

莎士比亚创作的悲剧有一定的特点，一般情况下，剧中会出现许多人物，但主角只有一个或两个，并且，即使有两个主人公，结局总会偏重其中一个。主人公的命运最终都是死亡，并且他的痛苦和结局应该是出人意料的。

此外，当这些痛苦和灾难将要降临到某个杰出的人物身上，他们大都是身居高位的帝王将相，至少也是在某地有影响的人物。因为在人们的心里，这些人有地位有权势，有着高贵的品质，他们的言行举止关乎着国家的兴亡安危。所以，当这样的人物突然遭遇不测，甚至被毁灭，这会让人更加痛惜，使人产生一种强烈的对比意识，感受到命运的反复无常，害怕自己也有同样的遭遇，从而达到净化怜悯与恐惧的效果。

在莎士比亚创造的悲剧中，主人公一般在本质上是善良的，这样一来，他所犯的错误导致了自己的毁灭很容易引起人们的怜悯和同情。因为主人公具有优秀的品质，人们才会在同情中激起心中善良的一面。

读莎士比亚创作的悲剧，不会让人意志消沉，屈服于专横的命运和世间种种邪恶。剧中的人物有时充满了可怕的激情，但绝不是卑微无聊的，人们在悲剧中能看到生命的力量，看到人类的智慧，尤其是那份高尚与尊贵。他们神秘的命运，以及人与人之间的各种冲突将他们击垮、摧毁，但他们仍然具有崇高伟大的灵魂，这正是人类的希望所在。莎士比亚的悲剧向人们传递了这种神秘感，给人们展示了这种有价值的品质被毁灭的过程，带给人们的不是悲观和绝望，而是同命运抗争的决心和勇气。

此外，在莎士比亚创作后期出现了一种传奇剧，又称"田园喜剧"。

这个时期的作品故事情节更加突兀神秘，充满了幻想，更多地采用非常手段解决和弥补现实中的不可调和的矛盾、缺陷，但这样的手段并不能给人们带来精神的安慰。所以说把这种传奇剧称为田园剧比较贴切。同时，把这种形式的剧作称为田园剧，是指莎士比亚在描绘了悲喜交织的壮丽人生画卷后，努力寻找人生的平静港湾作为最后的归宿。

莎士比亚最后一部传奇剧是《暴风雨》，剧中充满了传奇色彩，有着神话般的幻想，采用大自然的风景和神奇变化来化解人世的纠纷。他在表达了对人生的乐观精神的同时，也有意识地向自己的戏剧创作生涯告别。

莎士比亚，人类有史以来最伟大的戏剧诗人，以其全部作品完美地表达了他的人文主义信念。后世有人对莎士比亚的创作做出了极高的评价，并对他在世界文化中所占的地位进行了预言：他不属于一个时代，而属于所有的世纪……

二、 巴尔扎克

巴尔扎克（1799—1850），19世纪法国伟大的批判现实主义作家，欧洲批判现实主义文学的奠基人和杰出代表，法国现实主义文学成就最高者之一。

长篇小说《最后一个朱安党人》，初步在文坛上占据了一席之地。《驴皮记》的问世，使其成为法国最杰出的作家之一。在但丁《神曲》的启示下，将自己全部的作品命名为《人间喜剧》。其中共有96部作品，包括长篇、中篇、短篇小说和随笔等，分为《风俗研究》、《哲学研究》和《分析研究》三个部分。代表作《欧也妮·葛朗台》、《高老头》、《幻灭》等。

《人间喜剧》共写了2400多个人物，描绘了一幅19世纪法国上半叶社会生活的画面，是人类文学史上十分罕见的丰碑，被称为法国社会的"百科全书"。

被人遗忘的孩子

  巴尔扎克的父亲出生在拿破仑即将登上法国政治舞台的时期，他的祖上都是以土地为本的农民。到了他的父亲的时代，正好赶上法国大革命，这是一个英雄辈出的时代。一个商人可以跻身于法国政坛，而一个贵族也可能沦为平民百姓。巴尔扎克的父亲正是借助于法国大革命这个浪潮，凭着巧妙钻营大发横财，从一个低贱的农民一跃而成为法国上流社会中的一员，还曾经做过副市长的职务。

  老巴尔扎克发迹之后，为了彻底摆脱自己平民的身份，毫不犹豫地把他的姓氏"巴萨尔"改成中古骑士姓氏"巴尔扎克"，又在姓氏前加了一个代表贵族身份的"德"，改头换面由村夫变为绅士，使老巴尔扎克步入新贵族的行列。

  后来，老巴尔扎克插足于军队的一个部门，当上了军需官，这可是一个有利润和可以攒外快的职位。最后老巴尔扎克混迹银行界，在银行当主任秘书，从此家庭逐渐兴旺起来。

  这时，老巴尔扎克已经到了50岁，算是真正爬进了上流社会，有了一大笔钱和一个安全的地位，遗憾的是他还没有娶亲。于是，他开

著名雕塑家罗丹雕塑的"巴尔扎克像"

始物色妻子，最后看上了一个银行主任 18 岁的女儿安娜·郎比耶，年龄相差悬殊看似不可能在一起，但两个人还是结婚了。与比自己大 32 岁的丈夫性格志趣不同，安娜·郎比耶出身富贵家庭，受过良好的教育，颇具艺术修养，具有丰富的想象力和敏锐的感受力，在理财方面能力极其健全。

结婚之后，老巴尔扎克又到杜尔城，当了军粮处的监督。在此期间，他的长子巴尔扎克出生，取名为奥诺雷，此时老巴尔扎克夫妇的家业已经兴旺起来，并被杜尔城的上层资产阶级当做同等人物来接待并加以优礼了。

巴尔扎克从小就感受到来自父亲的心满意足与来自母亲的多愁善感，生长在这对极不协调的父母夹缝之中，他承受着人生最初的挤压。作为长子，他很少得到家庭的温暖，出生不久便立刻被家人送到杜尔城近郊，由一个宪兵的妻子抚养，几乎被家人遗忘。等他在奶娘家长到 8 岁时，被父母送到更远的旺多姆教会学校寄读，过着极其严格的幽禁生活。长达 6 年的"精神监狱"般的生活，给幼小的巴尔扎克的心灵上烙下了深深的印痕。

在学校里，教师对他冷漠而残酷，回到家后得不到父母的关爱，有的是接连不断的白眼和呵斥。尤其是母亲，她原本对这场婚姻并不满意，再加上她的脾气古怪、禁忌又多，把自己的不幸全都加注到孩子的身上。巴尔扎克对母亲先是害怕，后是冷淡，最后竟然发展到憎恨，他曾经说过："我从来没有母亲，她实在太可怕了。"

年幼的巴尔扎克在这样的成长环境中，开始感受到来自社会的冷酷和教育模式的呆板的压抑。尽管当时法国大革命已经在火热地进行着，但旺多姆市的教会学校仿佛依然停滞在中世纪时期，一切规规矩矩地刻板地运行着：环境封闭，教课方式严格而刻板，教师缺乏工作激情，学习内容枯燥无味，这一切都使生性敏感的巴尔扎克感觉生活枯燥而无聊，时常以对周围的行为进行反抗，结果常常被关进黑黑的禁闭室进行反思。

旧式刻板的教育模式给年幼的巴尔扎克的心灵上投下了抹不去的阴影，许多年以后，巴尔扎克在他的自传体小说《路易·朗拜尔》中愤然地抨击这种"把我们的生命摧残殆尽"、"我感到的只是一片空虚"的学校生活。

童年的经历培养了巴尔扎克顽强的意志，使他对未来的创作有着一份执着与韧劲。自古以来，专横自私的父母毁灭了多少也许能成长为有用之才的儿女，缺乏灵性的陈旧教育扼杀了多少科学家与艺术家的萌芽！6年中父母仅仅到学校看过他两次，但这些并没有摧毁巴尔扎克，他孤寂地成长着，忍受着父母的冷淡和教师的惩罚。

在这样的环境中，巴尔扎克承受着身心两方面的痛苦折磨。父母对他不管不问，好像不曾有过这个孩子。在老师看来，巴尔扎克是一个爱幻想而不可塑造的笨孩子，从来都没有真正关注过他。因为长期的压抑，使他在14岁时患上了神经衰弱症，不得不离开这所因禁犯人般的寄宿学校。

在这所学校，巴尔扎克被折磨得令人难以想象，以致后来他的妹妹形容说他像一个总爱说梦话的人，一脸茫然地向前摸索走路，对别人的问话几乎听不见，只是木然地带着紧张的表情坐在那里。看来，这样陈旧的教育制度是很难发现巴尔扎克超常的智慧的。

巴尔扎克15岁时，随父母迁居巴黎。不久，他又被送到巴黎的一所寄宿学校，此时的巴尔扎克仍然不是一个好学生。于是，父母又将他送到另一个学校去补充学到的教育的不足。但他似乎在每所学校里都是一个不可造就的学生，学习成绩仍然提不上去，在有35个孩子的班级中，他的拉丁文成绩排在第32名，其他科目也不尽人意。当他把成绩单带回家给母亲看时，母亲对他大发雷霆，对他又打又骂，对他极度失望。

从来都不被学校所认可，更得不到来自父母的关爱与理解，但不管怎么样，巴尔扎克还是走过了童年与少年时代，完成学业告别了中学校园，以法学系的学生身份进入了大学。

决定走创作之路

度日如年的生活让巴尔扎克与书为伴，在阅读中寻到无穷的乐趣，于是他就有了当作家的梦。然而，在未来职业的选择上，他并没有自主权。按理说，巴尔扎克结束了被奴役的日子，应该有自由可以选择做自己愿意做的事，攻读心爱的书籍。但这件事巴尔扎克说了不算，父母的意志仍然要强加到他身上，他不仅要攻读法学系，而且还得遵从父母的意思在课余时间"为自己将来的生计"到一家律师事务所打工。

这样在父母看来，巴尔扎克已经踏上了正途，等将来拿到学位后，就能在律师事务所担任助手的职务，接下来再娶一位门当户对的女儿为妻，总有一天也能在上流社会争得一席之地。对于父母的想法，巴尔扎克完全没有放在心上，他表面上顺从了父母，但在内心还是一如既往的热爱着文学。

随着年龄的增长，巴尔扎克的自我意识也在增强。在 20 岁那一年，他终于把长期压抑在内心的反抗情绪释放出来，他决定不再被父母左右。于是，他毅然辞掉了律师事务所的工作，第一次高傲地仰起自己的头，以强硬的语气对父母说他要当作家，一个名扬天下的作家！

对于孩子这次的反抗，老巴尔扎克夫妇俩感到格外震惊，认为他太异想天开了。在他的父母眼中，孩子已经到了闯世界、养家糊口的年龄了，而当作家的没有前途，生活没有保障，最重要的是我们认为巴尔扎克根本没有当作家的天赋。从他小学到中学的学习表现来看，哪里都看不出他有什么创作才能。没有一首让人感动的诗，没有一篇像样的文章，就连拉丁文课的成绩也是倒数几名，当作家分明就是妄想！

事实上，巴尔扎克有这样的想法并不是一时兴起。早在少年时代，他就在学校的禁闭室等地方阅读了大量的文学作品，并且自己还试图写作，那些寄宿学校的孩子们管他叫"诗人"呢。在大学攻读法学时，他还旁听了巴黎大学的文学课，并利用一切机会如饥似渴地阅读了大量的书籍，并获得了文学学士学位。

父母从未真正关心和了解过自己的儿子，对于巴尔扎克的这一决定，他们感到孩子太轻率了。但这却是巴尔扎克在内心酝酿已久的决定，这次只是将自己的理想昭然于世，并非年轻人的一时冲动，也不是青年人的反叛心理，而是自己的人生目标，是一次毅然决然的选择。此时，他自己也未能预测将来会有什么样的前程，甚至对自己也了解不深，但他却有一个坚定的决心，那就是一定要当作家！

父母对于他的决定实在感到非常生气，放着好好的工作不做，非要做什么靠不住的作家。并且，当时正赶上父亲的财务陷于尴尬的境地，全家正处于经济上的"紧缩时期"。尽管家里还有许多存款，但对于他们善于理财的家庭来说，一向是"未雨绸缪"，必须遵循着量入为出的原则的。况且，在大儿子上大学之后，父母就以为不用再为他支付生活费用了，或许他还能多挣一些钱贴补家用。可是现在呢？他却突然说要当作家，这不意味着他要不务正业，还要伸手问父母要钱过日子？老巴尔扎克夫妇俩实在不能接受。

所幸的是，巴尔扎克最喜爱的妹妹在私底下表示理解并支持他。他的亲戚朋友对他也是嗤之以鼻，这令他的母亲感到非常难堪。儿子要当作家写书或在报纸上投稿，这在整天与钱财打交道的母亲看来，无疑不是一件耻辱的事。她绝不同意儿子走这一条路，并试图把他拉回所谓的"正道"上，令她失望的是，无论她怎么阻拦，巴尔扎克依旧坚持自己的想法，全然不顾母亲的万般阻拦，坚决不改变主意。

他的父亲一生富有冒险精神，从事过数十种职业，对于儿子的决定，他并没有像巴尔扎克的母亲那样坚决反对。既然拗不过儿子，就干脆对他妥协。最后，巴尔扎克与父亲达成协议：他可以坚持走自己的道路，看看自己是否能成为一个大作家，至于怎么去做，却是他自己的事。家里将在这件不可靠的事业上投入有限的资金，为期两年。如果在两年期间，他没有创作出能使自己出名的作品来，必须重新回到律师事务所的位置上去，否则父母将不会对他进行任何经济上的支持。

他和父亲订下了一份古怪的合同。在精确计算当时最低生活水准的基础上，父亲将每个月给他提供 120 法郎，相当于每天 4 个法郎，作为他在创作过程的生活费用。可以说，这是老巴尔扎克签下的最好的一笔生意了，比他以前曾经签过名的合同获利都多得多。

巴尔扎克，一个未来伟大的文学家就这样踏上艰难的征途了。他会因为饥饿与寒冷而回心转意，会因为没有创作才能而放弃理想吗？这是他的母亲所期望的。他会克服一切艰难险阻，一如既往的坚持自己的梦想，这是儿子的决心，一生从未改变过。

从此，巴尔扎克开始了自己的创作生涯。他在巴黎的圣安东郊区，一条非常拥挤的莱特居耶尔街租下了五层楼的一间阁楼，那里冬天冰冷，夏天炎热、房屋低矮而又阴暗，他从家里带来一些破旧的床、桌子和椅子安置在这里。尽管条件如此苛刻，巴尔扎克还是投入了极大的热情去创作。

对于巴尔扎克来说，能够获得自由是多么的可贵。这就意味着从此以后，他可以按照自己的意愿安排自己的人生，走自己的道路，所以条件艰苦一些也没关系。最重要的是，自己要抓好这来之不易的创作机会，证明自己的选择是正确的。

不是做生意的材料

　　同许多伟大的作家一样，巴尔扎克并不是一开始创作就马上成为名人的。没有谁是生而为作家的，他们都是经过长期摸索和艰苦奋斗才取得功名成就的，巴尔扎克也不例外。

　　经过大量阅读大师们的杰作，巴尔扎克决定从创作悲剧开始：以17世纪英国资产阶级领袖人物作为描写对象，创作诗体悲剧《克伦威尔》。确定目标后，他全身心地投入创作之中，经过6个月的时间，巴尔扎克终于完成了自己的处女作。

　　当他把作品拿给家人看后，人们一致认为这不是一部吸引人的诗剧，不是一部成功的处女作。事实上，他写的《克伦威尔》确实不是什么杰作，内容空洞，毫无新意，这与他对英国历史了解不多，缺乏社会经验有关。当时的一位诗人对他的评价是"可以尝试任何职业，就是不能搞文学"，这对巴尔扎克来说，无疑不是给自己判了"死刑"。

　　处女作失败后，巴尔扎克的父母就劝告他谋求一份获利的职业才好，把创作文学当做一种业余爱好。但对巴尔扎克来说，失败丝毫没有动摇他的意志，他甚至认为创作是上帝给他的旨意，他必须用生命去追求，做一个职业诗人。

　　诗剧创作不成，巴尔扎克就选择用散文笔法写小说。他就像一艘开足马力的帆船，开始在文学的海洋中摸索着航行，躲过了最初创作的灭顶之灾，这艘船并没有直接驶入汪洋大海，而是在海边艰难地求索了长达10年之久。

　　父母给他提供的生活费用连最基本的温饱问题都解决不了，但这正是父母所期待的，他们希望儿子能够知难而退。况且，两年的期限越来越近了，巴尔扎克仍然没有创作出佳作来，这让他很着急。其实，从一开始拿起笔，他就处于危机感之中，常常提心吊胆地担心母亲突然有一天中断供给自己，迫使自己回到律师事务所，打破自己的作家梦。

这样下去真不是办法，巴尔扎克终于意识到，自己不能再这样被动地生活了，即使为了自信，也得自谋生计，他第一次想到了挣钱。如果在以前，巴尔扎克对挣钱是不屑一顾的，它怎么能和创作相提并论呢？

但是此时巴尔扎克不会那么想了，他明白了金钱所具有的能量，有了钱就不用为生计操心，只有这样才能没有后顾之忧，才能保证从容不迫地写作，才能成为有名的作家。尽管钱不是万能的，但没有钱什么也做不了。于是，巴尔扎克开始踏入金钱的世界，他与"魔鬼"签订合约，决定要以卖文为生。

但是怎么挣钱呢？没有固定资产作后盾，也没有经商的经历，巴尔扎克只有一支笔，只能用它来打开金钱世界的大门了。于是，巴尔扎克放弃了以前的诗句创作，开始创作流行小说。不管写什么，只要能卖到钱就行，巴尔扎克这样想。后来，他认识一位出版商，两人一拍即可，共同创作应景小说，以便多出书，快赚钱。他们合写的第一部长篇小说《毕拉格的女继承人》，卖了800法郎，这是巴尔扎克有生以来的第一笔收入，也是他创作的文学作品第一次印刷成书，署名"罗纳勋爵"。

巴尔扎克最初的理想不是写流行小说，而要在自己既定的文学道路上走下去，就必须取得经济上的独立。此后的几年之间，他用笔名发表了十几部长篇小说，这些小说光怪陆离，杂乱无章，粗制滥造，平庸无奇。这类作品往往是根据出版商从赢利的角度来确定选题，迎合社会上一般读者消遣解闷、寻求刺激的心理。与其说这些作品是艺术，不如说是一件商品。就连巴尔扎克自己也清楚的知道，这些作品除了能赚到一些钱之外，没有任何价值。同时，他也为自己脱离自己的理想，陷入这样的生涯而感到惭愧。

然而，即便是这样也没有使巴尔扎克真正发财致富，并获得经济上的独立。但不管怎么说，他在这段期间还是有一定的收获，写这些小说锻炼了他的笔力，使他对文学语言的掌握、对作品中人物、情节的掌控得到了训练。并且，这段时间的生活经历为他日后创作《幻灭》等杰作提供了素材，使后世人看到了巴尔扎克所生活的年代法国新闻出版业的生动历史。

1825年，巴尔扎克又突发奇想，想办法寻找另外一条发财之道。在写流行小说的同时，他跟另一位出版商合作，想出版一些古典名著的袖珍本全集，谋求更高的利润。得知他的这一想法，许多亲朋好友都热心资助他，只有他的妹妹感觉不合适。她给巴尔扎克写信说，他对经商不熟悉不适合做生意，希望他不要花费太多的心思操持别的营生，希望他献身于文学事业，并为此奋斗终生，这才是他应该走的路。

正如妹妹所说的那样，巴尔扎克不是一块经商的材料。他苦心经营了一年多，策划了莫里哀和拉封丹的全集袖珍本，并且亲自为这些书籍作序，花钱请人画了精美的插图。第一次出版印刷了1000册，结果连20本都没卖到。

原本以为这次能发大财，结果欠债高达9000法郎。这次生意上的失败，并没有让巴尔扎克的头脑清醒过来，如同他当初决定创作文学一样，在做生意方面他依然是坚定信念不服输，不撞南墙不回头。相反，为了还债，他又盘下了印刷厂和铸字厂，准备大干一场，结果由于经营不善，开业没多久就倒闭了。

对巴尔扎克来说，这10年的经商之路，是他几乎因破产而声败名裂的苦难历程。作为商人，他丢失的是钱财，但作为文学家，他获得了丰富的创作素材，所以在《人间喜剧》中，巴尔扎克对资本主义社会中的金钱关系，才会有如此深刻的把握，才会有如此生动的描绘。在巴尔扎克经商的日子里，他不得不和各种各样的出版商、债权人打交道，必须面对逼债、清算、高利盘剥、敲诈勒索等一系列近乎掠夺的行为。

正是因为巴尔扎克有这样的经历，才使他抓住了社会的本质，清楚地看到了生活中的有钱人。但巴尔扎克终究不是个拜金主义的人，他没有葛朗台式的搜刮掠夺的本领，更不屑于为了发财致富而出卖自己的灵魂，背叛自己的初衷。自始至终，在巴尔扎克看来，他写的那些流行小说、从事的出版生意纯粹是"把精力消耗在如此荒谬的勾当上"，他不甘心也不会让自己在做生意过程中堕落。

文坛新秀诞生

　　生意上的失败使巴尔扎克陷入了债务缠身的惨局，为了躲债他曾经 6 次迁居。他对身边的朋友说："在这期间，我经常会为了一点面包、蜡烛、和纸张发愁。并且，债主追赶我就像追赶兔子一样，我不得不像兔子一样四处奔跑。"

　　到 1828 年时，巴尔扎克负债高达近万余法郎，最后他不得不含泪放弃经商这条路，重新提起了笔开始自己最初的创作梦想。

　　其实，早在巴尔扎克做生意期间，他也未曾中断过自主创作，只不过他把主要精力放在了经商上。如今，他决定重新创作，写作便是他的首要任务。通过写作，他希望一方面能够挣钱还清债务、维持生活，另一方面可以实现一个艺术家的崇高使命。因为在他看来，艺术家的崇高使命就是要"使事物改观"，"使人类力量获得新的发展"，所以他下决心一定要在文学这座殿堂里轰轰烈烈地大干一番。

　　在书房里，巴尔扎克放置了一尊拿破仑的塑像，并在塑像的剑鞘上刻下一行字：他用剑未完成的事业，我要用笔来完成它！这句话铿锵有力，掷地有声，从此，拿破仑

巴尔扎克巴黎故居院内一景

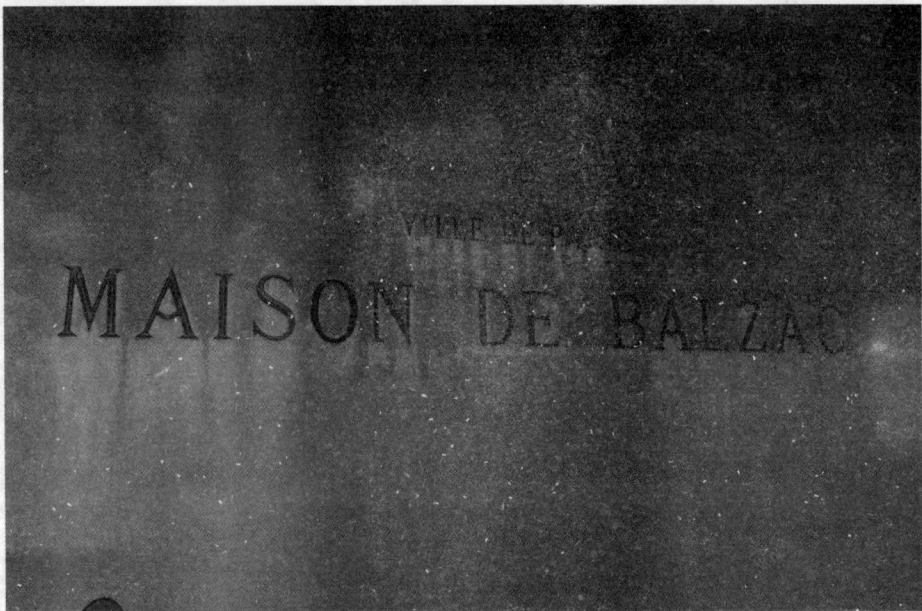

巴尔扎克巴黎故居墙上的名字

就成了巴尔扎克今后奋斗的目标。

这次开始创作从何处着手呢？早在两年前，巴尔扎克就想好了一个创作思路：根据朱安党人在拿破仑时代发生叛乱的事件为题材，写一部本长篇小说，并拟好了题目《英雄好汉》。由于此前他一直为生意上的事情所困，没有机会认真考虑，现在，他可以全身心投入创作了。同时，他也认识到自己再也不能像以往那样脱离实际生活，凭空想象着去创作，必须对当时的战争环境和那段历史从感性到理性有所把握。

幸运的是，巴尔扎克生活的时代距拿破仑时代不远，现实生活中还有许多人参加过"革命党"与朱安党人打过仗。于是，巴尔扎克到图书馆中找来当时人们的回忆录，研究军事报告，对所有微小的显得不足为道的琐事也不轻易放过。

经过几个月时间对朱安党人有关历史文献进行阅读和研究，巴尔扎克仍不急于动笔，并决定亲自去朱安党人活动的场所布列塔尼，调查山川形势和农民生活，访问发生暴动的目击者和参与者，还从朋友柏尔里公爵夫人那里收集到许多关于朱安党人的故事。

巴尔扎克找到一位退隐的老军人地址，决定亲自动身去拜访他。当时的巴尔扎克生活十分拮据，连最廉价的马车也坐不起全程，只好用两条腿走完最后一段路。他在老军人家里住了两个月，完成了小说的初稿。正是因为巴尔扎克掌握了许多真实生动的素材，使得这部小说成了他文学生涯的一个真正起点。

小说完成后，巴尔扎克并不急于发表，而是不断地推敲字句，反复地修改，直到1829年春天，这部小说才算定稿，并取名为《最后一个朱安党人》。在书的封面，他第一次署上了"奥诺雷·德·巴尔扎克"这个真实姓名。

《最后一个朱安党人》取材于现实生活，是巴尔扎克以现实主义手法写作的第一部成功作品，无论从结构、表现技巧以及军事细节方面，都显示了一个新的伟大文学家的才华。这是巴尔扎克从写神怪小说过渡到写历史小说，并走向批判现实主义的重要一步。《朱安党人》的问世为巴尔扎克带来了巨大的声誉，标志着一个文坛新秀诞生了，也为法国批判现实主义文学放下第一块基石。

这部小说主要反映当代社会生活，正是他日后创造《人间喜剧》的一个特点，它的问世也标志着巴尔扎克的《人间喜剧》拉开了序幕。巴尔扎克将《朱安党人》和计划要写的136部小说总命名为《人间喜剧》，并为之写了《前言》，阐述了他的现实主义创作方法和基本原则，从理论上为法国批判现实主义文学奠定了坚固的基础。

创作《朱安党人》时，巴尔扎克已经到达而立之年，这部小说使他真正在文学上站立起来，并成为今后迈向文坛有力的第一步，虽然巴尔扎克没有立即董声文坛，但他获得了应有的声誉，被社会接纳了。《朱安党人》问世之后，巴尔扎克的创作进入了一个全新的时期。此后，他进入了创作长达20年丰收季节，作为文坛新秀，巴尔扎克接连创作了一部又一部的中短篇小说，显示出惊人的创作速度与才华。

二十年佳作迭出

　　初步在文坛上站稳了脚跟，巴尔扎克即显示了其杰出的创作才华和惊人的创作速度。在以后20年的岁月里，他佳作迭出，以其对现实观察之仔细，对社会本质揭露之深刻，塑造人物形象之生动，艺术手法之高超，使他无可争议地进入世界文学史一流作家之林。

　　《朱安党人》发表后，巴尔扎克就开始马不停蹄地创作他伟大的工程——90多部小说的《人间喜剧》。1831年出版的《驴皮记》使他名声大噪，特别是《高老头》、《欧也妮葛郎台》以及《幻灭》的发表，使他登上了文学创作的巅峰。

　　巴尔扎克从当代风俗史家的角度出发，描写了19世纪前半期法国由封建主义向资本主义过渡的历史时期，金钱逐渐取代了贵族头衔，成为人们至高无上的追求。特别是1830年革命以后，金钱统治的威力尤为强大。资产阶级围绕着金钱而生活，他们会不惜一切来达到目的，更多的是利用欺诈和暴力进行掠夺。

　　在《人间喜剧》中，巴尔扎克描绘了从拿破仑帝国、复辟王朝到七月王朝这一历史时期法国社会各个阶层的生活状况，使作品成为一幅画满形形色色的人物的广阔社会画面，从中可以看出存在于当时社会中的各种弊病。

　　20年时间，他创作了90多部小说. 巴尔扎克之所以能写出如此多的艺术杰作，与他丰富的人生阅历是分不开的。

　　童年时代，巴尔扎克感受到了父母的冷漠与自私，尝到了寄宿学校的幽禁滋味，承受了不该承受的压力。对于一个孩子来说，这些是痛苦的经历，然而对于一个日后的大文学家来说，却是一个磨练，是他人生的第一堂严酷的课程，为他日后的成长做了苛刻的洗礼。

　　饱受折磨的童年过去了，迎接巴尔扎克的是择业的艰难。写作权利来之不易，这在巴尔扎克的心上烙下了深刻的印迹。充满激情地创作的处女作，却未能给自己带来任何收获，这给他一个沉重的打击，让他明白任何不切实际的幻想都是无济于事的，重要的是要脚踏实地，根据自己的特点、寻找合适自己的方式来创作。

然而，在接下来的 10 年里，他为了发财致富，在金钱世界里闯荡、摔打，直到最后一败涂地，这样的经历对于谁都是惨痛的打击，意志薄弱的人也许早就趴下了，但巴尔扎克却没有。"扭断脖子"也不倒下，当口袋里钱财减少时，他的头脑却空前充盈起来。经商、借债、挣扎、奋斗，这些痛苦的经历都成了《人间喜剧》深刻揭示的主题，使他在自己所遭遇的痛苦中抓住了时代社会的脉搏，对人生有了更深层次的认识。

除了致力于文学创作以外，巴尔扎克还出入巴黎上流社会的沙龙，为几种报刊撰稿，他接触的生活面非常广泛。此外，他曾一度加入保皇党，但其政治态度与极端保皇党人并不相同，他是党内的自由派，并不受其他党员的欢迎，他甚至公开批评保皇党，说这是一个令人厌恶的党，是一个失败的政党。

具有丰富的人生阅历的人有很多，但并非每个人都能成为大作家的。巴尔扎克的成功，还在于他始终都有明确的目标——当文学家，为此他至死不悔、义无反顾。正是因为这个认定的方向给他带来了巨大的力量，一直鞭策着他，失败时不气馁，成功时不沉醉，他坚定要完成心中的那幅蓝图：一座由 150 部小说构成的艺术宫殿，一部描写 19 世纪法国的历史。一砖一瓦、一篇一章的成功不足挂齿，坚持不懈，不达理想誓不罢休才难能可贵。

巴尔扎克不仅具有渊博的知识、敏锐的观察力、惊人的想象力，以及非凡的艺术才能，能完成如此多的杰作，还在于他非常勤奋。他一天至少工作 12 个小时，经常达 18 个小时。有时候，他下午 6 点起床开始修改稿子，然后从 8 点到早上 4 点写新稿子。有时候，从半夜到中午在椅子上一坐就是 12 个小时，全力以赴地写作。然后，从中午到下午 4 点修改校样，5 点半才上床睡觉，半

巴尔扎克墓

夜又起来接着工作。

他的这种创作方式称为"可怕的劳作",有时接连几个星期,甚至一两个月都处于这种状态,这使自己忘记了现实世界的存在,潜心于虚构的小说世界里。但人自身的能量是有限的,即便精力旺盛的巴尔扎克也是有极限的,为了使自己长时间处于紧张兴奋的创作状态,他大量地饮用咖啡。巴尔扎克曾预言自己将死于5万杯咖啡,但为了艺术创作他不得不饮用。

这种超负荷的可怕劳作换来了神奇的效率,巴尔扎克一夜之间写成了《卢日里的秘密》,用3个晚上的时间创作了《老姑娘》,一个晚上完成了《该死的孩子》的最后部分"碎了的珍珠",在萨什用3天时间写成《幻灭》开头的100页……

这样的创作速度,写出来的作品是不是粗制滥造的呢?事实并非如此,巴尔扎克不但具有超人的勤奋,而且具有异常严肃认真的创作态度,对于每部手稿,他把它都当作"草稿",在正式出版之前,从未停止过修改。由于他经常在校样上大肆删改,不知被出版商扣除了多少稿费,一遍一遍直到修改到自己满意为止。

创作一部杰作是万分艰难的,更何况是一部杰作接着一部杰作!从1828年提笔创作到1848年20个春秋,巴尔扎克奉献给人类的是他的满腔热血。90多部的《人间喜剧》,光从数量上说,不止一位大作家可以超过他,但从生命的密度与创作的浓度上来说,几乎没有人能与之媲美。巴尔扎克的寿命不长,用于创作的岁月更短,再加上他经常要为生计奔波,即便如此,他仍然建立起一座精美绝伦的"文学大厦",支撑这座这大厦的每块砖瓦都被建造者不止一次地修整、润泽过。几乎他的每部作品从起草到付印,都不止一遍地被修改过,有的出版了,再版时又润色一遍。所以,用呕心沥血来形容巴尔扎克的写作态度一点也不夸张。

正如他的预言那样,巴尔扎克50岁时,由于经常熬夜工作,不得不喝过量的咖啡,致使自己患上热症不治身亡的。"他的一生是短促的,然而也是饱满的:作品比岁月还多。"他那一部部的杰作向世人证明了,他不仅完成了拿破仑用刀剑没有完成的事业,而且以笔为武器,完成了拿破仑所没有从事的壮举——向资产阶级进攻!因此,巴尔扎克堪称文坛上的拿破仑,正好照应了他书房中拿破仑塑像上刻的那行字:

他用剑未完成的事业,我要用笔来完成它!

三、托尔斯泰

托尔斯泰（1828—1910），全名为列夫·尼古拉耶维奇·托尔斯泰，19世纪俄国批判现实主义作家、思想家，也是世界文学史上最杰出的作家之一，被称颂为具有"最清醒的现实主义"的"天才艺术家"。

主要作品：长篇小说《战争与和平》、《安娜·卡列尼娜》、《复活》等。同时，还创作了大量的童话，深受人们的喜爱。作品描写了俄国革命时期人民的顽强斗争，因此被称为"俄国十月革命的镜子"。列宁也称赞他创作了世界文学中"第一流"的作品。

接受贵族家庭教育

1828 年，列夫·托尔斯泰出身于一个世袭的贵族家庭，先祖彼得·安德列耶维奇·托尔斯泰在彼得大帝时代做过御前侍臣，后被任命为俄国驻土耳其首任大使。由于功勋卓著，彼得大帝授予他世袭伯爵爵位，并赐予他彼得堡和莫斯科两处住宅和几块领地。

父亲尼古拉·伊里奇世袭了爵位，他有着上流社会老爷的那种贵族气质，在青年时充满幻想，曾经在 17 岁时不顾父母的反对，投笔从戎参加1812 年卫国战争，并以中校衔因病退役。退役以后，在莫斯科孤儿收容所任职。

母亲玛丽亚·尼古拉耶夫出身于沃尔康斯基公爵家族，其父亲尼古拉·谢尔盖耶维奇·沃尔康斯基曾担任女皇叶卡捷琳娜二世的侍从武官，后担任驻德国柏林的特派大使，再后来又做过阿尔汉格尔斯克省省长，获得元帅、总司令的官阶。但不久与保罗一世发生冲突，便退职回到领地亚斯纳亚·波利亚纳隐居。

玛丽亚公爵小姐是托尔斯泰外祖父的独生女，结婚之前的大部分时光，她都是陪着父亲在亚斯纳亚·波利亚纳度过的。在父亲的培养下，她曾经研究过天文、地理等各种知识，并且懂法语、德语、英语和意大利语，还会写诗歌。1822 年，在父亲去世一年多后，她嫁给了托尔斯泰的父亲尼古拉·伊里奇。

结婚后，他们住在领地亚斯纳亚·波利亚纳庄园，过着幸福美满的日子。他们一共生了 5 个孩子，托尔斯泰是第 4 个儿子，他还有一个最小的妹妹玛莎，他们一家生活得非常和睦。父亲成为庄园的新主人后，喜欢经营家业，管理庄园中的各种事务。母亲博览群书，兴趣十分广泛，家里的文化氛围很浓。

不幸的是，在托尔斯泰不到2岁时，母亲玛丽亚就去世了，长子尼古拉才6岁，幼女玛莎才几个月，他们过早的失去了母爱，这对几个年幼的孩子是非常残酷的。从此，他们兄妹5人便由祖母和阿·伊·奥斯坚—萨肯姑妈监护，教育则由塔季扬娜·亚历山大罗芙娜负责。她是祖母的远亲，自幼失去父母，由托尔斯泰的祖母抚养长大，托尔斯泰兄妹叫他表姑。

像大多数出身贵族家庭的孩子一样，年幼的托尔斯泰不是在学校里，而是在家庭中接受培养和教育的。他们的德语教师费德尔·伊凡诺维奇·廖谢尔，虽然掌握的知识并不多，但却是个正直好心肠的人，托尔斯泰他们非常喜欢他。他不仅教孩子们德语，而且教算术、历史、地理。同时还担任保育员，和孩子们散步，安排他们睡觉，和他们一起就餐，培养他们具备贵族社会所必需的气质和风度。

托尔斯泰家有个书房，里面有许多藏书，小托尔斯泰常常阅读这些书籍，特别喜欢《一千零一夜》中的故事和普希金的诗。他的艺术感特别发展，那时他就已经感受到了普希金诗歌的优美情调，揣摩出诗歌的细微含义。有一次，他背诵普希金的《致大海》，自然流畅，感情真挚，父亲听了非常惊喜，感叹孩子有文学天赋。

托尔斯泰9岁时，父亲为了让孩子们接受更好的教育，决定全家迁往莫斯科。托尔斯泰快快不乐地离开了亚斯纳亚·波利亚纳。1837年，他们一家迁居莫斯科居住，还不到半年，父亲去图拉城办事，猝然去世在那里。父亲死后不久，祖母辞去了他们的家庭教师，聘来了新家庭教师法国人圣·托马，他总是用恐吓的方式管教孩子，托尔斯泰很讨厌他。

一年后，祖母也不幸的去世了，大姑妈阿·伊·奥斯坚–萨肯承担了对孩子们的监护，但与孩子们最亲近的人仍然是表姑塔季扬娜·亚历山大罗芙娜。

此后，托尔斯泰家的生

托尔斯泰位于亚斯纳亚·波利亚纳庄园的故居

活发生了很大的变化，庄园的收入不足以维持在莫斯科的开支。为了节省费用，全家决定让大哥尼古拉、二哥谢尔盖同大姑妈和家庭教师留在莫斯科继续学习，其余年龄小的就由表姑带回亚斯纳亚·波利亚纳庄园，这个决定让托尔斯泰很满意，因为他将不再跟讨厌的圣·托马读书了。但事实上，圣·托马是最早发现托尔斯泰具备敏锐的艺术感的人之一，并且在日后曾经劝说他从事诗歌创作。

从莫斯科回到庄园后，托尔斯泰对生活有了不同的看法。他和以前一样喜欢到村子里，到农民的院落、木屋里，和昔日的伙伴玩耍，但现在他开始注意过去不曾留意的事物，看到了衣衫破烂的农民，倒塌的农舍，饥饿的牲口，他把自己的贵族生活同贫穷的农奴生活做了对比，开始思考生活不公平的问题。

1841 年，托尔斯泰兄妹的监护人大姑妈由于长期操劳过度，身体虚弱多病，到卡卢加州奥普季纳修道院去祈祷，最后病死在那里。于是，托尔斯泰兄妹唯一的亲人彼·笋·尤什科娃 – 伊里尼奇娜姑妈成了他们的监护人。她住在喀山，是喀山省省长的夫人。因此，她就把孩子们一起带到喀山去。

孩子们在彼·伊·尤什科娃姑妈家里，感受到迥然不同的环境和气氛，他们的教育没有任何人负责。姑妈整日沉醉于奢侈的生活，不是举办各种舞会，就是拜访各个名门望族，对孩子们则是放任自流。

托尔斯泰的几个哥哥们相继考入大学后，托尔斯泰在老师的指导下准备报考大学的东方语言系，他认真地钻研了各门学科，阅读了许多文学作品，此时，书籍已经在他眼前开拓了一个新的世界。16 岁那年，托尔斯泰报考喀山大学哲学系东方语言专业，通过两次考试，终于考上了喀山大学。

作为喀山大学的一名学生，托尔斯泰置身于一群年龄相仿的青年之中，体验到了与大集体联系在一起的情感。这对他来说，是一种新的情感，是他在家庭教育中从未体验过的，他非常喜欢这里的生活。

年轻的地主

1847 年，托尔斯泰一家人聚在亚斯纳亚·波利亚纳庄园。此时，大哥尼古拉当了军官，二哥谢尔盖和三哥米佳都已大学毕业，他自己也不久前退学回来，妹妹玛莎已经准备出嫁，这次团聚显然是为了分父亲的地产。

分家的结果是，19 岁的托尔斯泰得到了亚斯纳亚·波利亚纳庄园，他之所以选择这处庄园，不仅是因为这里有自己童年的回忆，还因为这是母亲的陪嫁产业，他非常珍爱它。这样一来，托尔斯泰就成了一个拥有 1200 俄亩土地和 330 名男性农奴的年轻地主了。有了这样一个新身份，他就开始怀着极大的热情去整顿自己的产业。

托尔斯泰满怀激情地深入农村当中，和农奴们亲密接触，经过一番了解，他才发现原来农奴们的生活竟是那么的贫穷可怕。在当时的人们看来，农奴是下等人，天生就应该给地主做牛做马，天生就应该过贫穷的生活。托尔斯泰开始对此产生怀疑，他希望通过自己毕生的精力，帮助农民摆脱贫困，过上富裕生活，并有享受教育的机会。

托尔斯泰一次又一次地把粮食分给那些贫困的农民，甚至还用现金去救济一些人，并把自己的一部分森林分给农民去支配，而且还取消了对农奴的体罚。

然而，不管托尔斯泰如何努力的帮助农民，都达不到自己预期的目标。不管他做什么，都不能使农民们满意。他深深地体会到，农奴们对他不信任，在他们眼中，地主一向都是剥削农奴的，不把他们当人看待。这种思想已经根深蒂固，很难改变。那个时候，托尔斯泰还太年轻，只知道担忧着急，但并不知道农奴制度已经腐朽了，这是当时社会的主要问题。

在庄园里紧张地工作了一年，托尔斯泰所制订的许多农事的计划都泡汤了，他很痛苦，但这却使他成长起来了，并对农村生活有了新的了解，获得了丰富的经验。于是，托尔斯泰满怀着希望离开庄园前往莫斯科，在那里过着花天酒地、纸醉金迷的生活。他是个闲不住的人，在莫斯科没过多久，就厌倦了这里的生活，开始对自己沉湎于上流社会生活不满意，又被京城的生活所吸引，收拾行囊就踏上了去彼得堡的旅程。

在京城彼得堡，托尔斯泰参加了法学学士学位的考试，顺利地通过了刑法和民法两门学科。但是不久，他又改变了注意，打算到即将开往维也纳的骑兵近卫军团去当一名士官生，并幻想两年后或更短的时间内能获得军官军衔。然而，这个愿望也没有实现。他又开始过起了散漫的生活。有一段时间，他甚至迷上了打牌，结果输了许多钱，欠了一屁股债，这笔债在日后很长一段时间内都困扰着他。

外面的世界很精彩，但托尔斯泰又被迷人的农村生活吸引了。于是，他又回到了亚斯纳亚·波利亚纳庄园。恬静悠闲的农村生活，让尔斯泰忘掉了一切挫折和失意，他开始沉醉于美丽的大自然中。

当时的社会，贵族必须担任文职或武职，虽然担任这种公职，往往只是形式上的，挂个名而已。托尔斯泰也在附近的图拉市贵族俱乐部找到了一个挂名的差事，终日酗酒、打牌、看茨冈人跳舞，这段日子他过得很糟糕，但他却喜欢上了音乐，并在其中找了一些安慰。他甚至以为自己能够成为一个伟大的作曲家，于是，他坐在房间里连续几小时练习弹钢琴，从各种声音组合中得到灵感，并试图提出一套理论来。

这样的生活持续了一段时间，托尔斯泰意识到自己再也不能这样沉沦下去，他开始不断地剖析自己。这时，一种难以表述自己内心世界的痛苦不时地困扰着他，他想打开自己的心扉，让人们了解他。他萌生了一种想把自己感受到的东西描述出来，让别人也感兴趣的欲望。或许这种苦恼，这种欲望就是一个大作家即将诞生的前兆。

表姑塔季扬娜·亚历山大罗芙娜对托尔斯泰有很大的影响，从她那里托尔斯泰第一次知道了"尽力而为，听天由命"这句格言。并且，表姑曾劝说托尔斯泰写小说，她当时已经从托尔斯泰身上觉察到了他具备了作家的才能。

于是，托尔斯泰决定再去莫斯科。1850 年的整个冬天，他一直都住在莫斯科，这次他的言行举止都很慎重，伴随着道德情操的成长，他的世界观发生了变化。作为一个贵族成员，他却越来越鄙视并疏远了这种上流社会的生活。

　　第二年春天，大哥尼古拉回乡度假期满即将返回部队，托尔斯泰离开莫斯科回到了亚斯纳亚·波利亚纳庄园为他送行。大哥这时是在高加索服兵役，他看出托尔斯泰不断地往返于莫斯科与家乡之间，并没有一件能把他吸引住的工作，整天心神不宁。于是，他就建议弟弟跟他一起去高加索。托尔斯泰很高兴，似乎这就是使自己摆脱长期漂泊不定的生活的出路，他希望自己能有一个新的生活，所以欣然接受了大哥的建议，到高加索去，并在那里开始了他的文学创作之路。

刀和笔在一起

　　1851 年 4 月底，托尔斯泰和大哥尼古拉一起动身去高加索。在 19 世纪上半叶，高加索是残酷的战场，也是俄罗斯进步人士的流放地，莱蒙托夫和许多十二月党人都被流放到这里。普希金、莱蒙托夫等许多著名作家都赞颂过高加索魅力非凡、令人陶醉的大自然。

　　这年夏天，托尔斯泰自愿参加了对山民的袭击。由于在战场上表现得英勇顽强，他获得了嘉奖，并受到总司令的接待。第二年，他正式入伍，成为一名炮兵士官生。

　　在高加索的哥萨克人，从未实行过农奴制度，那里的人健壮、纯朴、自由，托尔斯泰十分欣赏他们，并结识了一些令他终生难忘的人。他还十分敬佩哥萨克妇女，甚至想象自己也能娶个哥萨克姑娘为妻。

　　在这里，托尔斯泰生活在普通人中，置身于美丽的大自然中，感觉浑身有劲、精力充沛，此刻他才明白幸福就是融入大自然中，为别人而活着。在高加索的这段经历，对托尔斯泰的思想和创作都产生了重要影响，有许多经历成了他小说的题材。正是在高加索，托尔斯泰开始了文学创作，并取得了伟大的成就。

　　在其他著名作家的影响下，托尔斯泰开始了文艺创作。用了一年的时间，他完成了中篇小说《童年》的创作。1852 年，《现代人》杂志以《我的童年故事》为题发表了托尔斯泰的处女作《童年》，署名为列·尼。杂志主编尼·涅克拉索夫敏锐地觉察到了这位作者的才华，他写信给托尔斯泰说："不论您的小说还是您的天才，都引起了我的兴趣。"

　　这部小说一发表，就在彼得堡文坛引起了很大的轰动，许多杂志刊登了赞扬的文章，其中一个杂志说："如果这是列·尼先生的第一部作品，那么不能不祝贺我国文坛出现了一个出众的才子。"就连正在流放的作家陀斯妥耶夫斯基，因为对《我的童年故事》印象深刻，也要请朋友务必查明这个隐姓埋名的列·尼究竟是什么人。

在早期作品中，托尔斯泰偏爱那些来自平民有才华的青年人。在他的三部曲《童年》、《少年》、《青年》中，作者描绘了一个贵族家庭孩子的成长过程，作品洋溢着贵族庄园生活的牧歌情调，表现了一定的民主倾向。

年底时，托尔斯泰又完成了一部短篇小说《袭击》，寄给了《现代人》杂志主编涅克拉索夫。在这个小说中，他描写了自己参加袭击山民的战斗，主人公赫洛波夫大尉是一个勇敢、坚定的人，他的性格特征和作者所热爱的大哥尼古拉极为相似。这部小说发表在1853年《现代人》杂志第3期上，但却遭到了政府书刊检查机关的大量删改。对此，托尔斯泰感到十分不满，杂志主编也知道作家受到了委屈，就立即写信安慰他。

很快，托尔斯泰在高加索已经两年半了，这里的军旅生活在他的生活中留下了鲜明的印记，他把这段时期视为自己一生中最美的时光。1854年初，托尔斯泰回到了祖国，他十分珍惜在自己心爱的庄园中的生活。但没过多久，他又加入多瑙河部队，克里木战争开始后，他又被调往塞瓦斯托波尔前线。

当时，由于英法两国不满俄国独霸土耳其，支持土耳其对俄宣战，于是克里木战争全面爆发。托尔斯泰一到塞瓦斯托波尔，就被本国军民强烈的爱国主义激情所感染，他以准尉军官的身份担任了炮兵连长参加作战，在防线最危险的第4号棱堡呆了一个半月，几度险些丢掉性命。但是，死亡威胁并没有吓倒他，他依旧紧张地忙碌着。

在战场上，托尔斯泰领悟到，自己身边的人就是真正的英雄，他们比其他人更爱自己的祖国，他们没有任何虚伪夸耀的神情，而是镇静地为祖国和人民捐躯。战争结束后，他根据自己亲身经历的战斗生活写了《1854年12月的塞瓦斯托波尔》、《1855年5月的塞瓦斯托波尔》和《1855年8月的塞瓦斯托波尔》三个短篇小说。

在第三篇小说中，作者描绘了无论士兵们如何的奋血浴战，都无法制止俄国军队的溃退，塞瓦斯托波尔最终陷落了，作者为此痛心疾首。在这部作品中，作者把士兵的英勇顽强与贵族社会的丑恶、军队将领的腐败相对比，深化了作品的思想意义。

由于托尔斯泰在这篇小说中揭露了政府的丑陋，为此沙皇政府很恼火，就派宪兵监视他。当作品送到书刊检查机关审核时，受到了百般刁难，许多地方被删改了。小说于1856年发表在《现代人》杂志上，第一次署名为"列·托尔斯泰伯爵"。在杂志的目录上，编辑还特意注明作者曾经使用的署名是"列·尼"，但在刊登出版消息时，没有注明作者的全名，仍和以前一样，因为读者早已在期待着署名为"列·尼"的作品问世。

这次塞瓦斯托波尔战争，引起了托尔斯泰对未来生活的思考。脱离军旅生活，潜心于文学创作的想法，在他的脑海中越来越成熟。著名文学家屠格涅夫也劝说他离开军队："假如你能从克里木脱身，那就太好了。你已充分证明自己不是一个懦夫，但是，军旅仕途毕竟不是你的事，你的天职是做一个文学家、思想和语言的艺术家……我向您重复一遍：你的武器是笔，而不是军刀，诗神不仅不喜欢无谓的奔波，而且还缠着你不放。"

虽然人们还未从战争失败后的悲伤中走出来，但沙皇政府在战争中的失败已经引起了全国巨大的社会性热潮。贵族地主所有制的统治已经处于崩溃的边缘，农奴解放的问题日益紧迫，人们都在期待着社会发生巨大的变革，托尔斯泰怀着这种变革的希望，于1855年11月回到了彼得堡。

创办农民子弟学校

在俄国农奴制度改革前后，农民运动遍及全国，阶级斗争日趋激烈，社会动荡不安，俄国究竟该何去何从？这是任何一个有识之士都会思考的问题。托尔斯泰此时的思想是极其矛盾的，为了更好地认识周围的事物，托尔斯泰决定到外国寻求解决社会问题的方案。

1857 年，托尔斯泰第一次出国考察，用半年的时间，他先后访问了法国、瑞士、德国、意大利和比利时等国，不仅看到了当时俄国所没有的"自由"，而且也看到了其阴暗面。

回到了自己的庄园后，托尔斯泰一方面心情好，是因为看到了亲人和朋友，看到了郁郁苍苍的森林和肥沃的土地；另一方面他心情郁闷，是因为他亲眼目睹了农奴制度的残酷、社会生活的贫困、农民地位的低下，内心充满了痛苦。

托尔斯泰想尽一切办法改善自己庄园农民的处境，他制定了一个解放农民的方案，并着手整顿濒于崩溃的产业，详细制定图拉省植林方案，但最终未能实现。在他看来，农奴制经济的存在是没有意义的，社会迫切需要废除农奴制，但这依靠个人的力量是无法完成的。最后，他在自己的庄园里，把农民的劳役制改为代役租制。

尽管他全身心地投入到经济管理中去，然而事情并不像他预想的那样。收入微薄，入不敷出，内心不安的情绪越来越多，今后的日子怎么过？怎么才能使生活更有意义？无论是接近大自然，还是从事文学创作，都不能使他停止思考农民生活状况的问题。

这时候，教育的思想出现在托尔斯泰的脑海中，他认为可以把教育作为一种"杠杆"，用来改变整个社会结构，帮助农民摆脱贫困、愚昧和黑黑暗，帮助协调和改善农民同地主阶级之间的对立关系。

说干就干，托尔斯泰在自己家里开办了一所农民子弟学校，凡是愿意读书的农民子弟都可以免费上学。在学校里，老师教孩子们读书、写字、画画、唱歌和算术。孩子们最感兴趣的是历史课，托尔斯泰给他们讲战争的故事，讲拿破仑的故事。孩子们听得津津有味，非常高兴，他们幼小的心灵里第一次有了"祖国"这个概念，萌发出一种对祖国的热爱之情。

托尔斯泰很喜欢这些农民子弟，对教育工作充满了信心。但究竟怎样搞好教育工作，对他来说还是很陌生的。托尔斯泰认为自己有必要深入地了解情况，不仅要了解本国的国民教育，而且还要了解其他国家的教育情况。

1860 年，托尔斯泰第二次出国考察，一方面考察欧洲各国的教育情况，另一方面也趁机去看望在国外疗养的大哥尼古拉。但大哥最终没有战胜病魔，他的死在托尔斯泰的心灵上留下了难以泯灭的伤痕。这次出国历时 9 个月，先后访问了法、德、英和意大利四国。

第二年春天，托尔斯泰返回祖国，回到了亚斯纳亚·波利纳庄园，开始着手农民子弟学校的工作。通过考察，他看到了西欧教育制度的不足，决定要创办适合本国国情的教育，提倡教育应该为人民，尤其是为农民服务。他兴办教育不仅要在人民中间推行识字教育，最重要的是向群众传播他们所必需的生产、生活知识。

托尔斯泰认为，老师只有亲自倾听群众的呼声，了解孩子们的兴趣，相信他们的创造力，学校才能顺利实现所面临的任务。于是，他从莫斯科聘请了一批思想进步、有相当文化素养的大学生来担任老师。随后，他又创办了教育研究刊物《亚斯纳亚·波利亚纳》，并经常和其他教师们在上面发表文章，探讨国民学校的教学法和教育学问题。

在这所农民子弟学校里，教育与培养孩子们的劳动习惯紧密地结合在一起。孩子们在学校里学习各种生产所必需的知识，如丈量土地，饲养牲畜和家禽，掌握基本的农业经营常识；孩子们回到家里跟父母一起参加田间地头的生产劳动；他还把一俄亩土地分给学生，学生们又把它分成许多小块，每人耕作一块，种上蔬菜，收获归自己所有。在托尔斯泰看来，农村教育就应当满足农民的需要，生产劳动是培养学生必不可少的一个步骤。

他先后创办了 20 多所农民子弟学校，孩子们到这些学校里来，就像在自己家中一样，无拘无束，没有体罚制度，老师们尽心尽力地向孩子们传授知识，尤其是各种生活中有用的知识。渐渐地，农民们改变了对学校的看法，学校的声誉遍及了整个图拉省，而且还传到了莫斯拉、彼得堡，甚至传到了国外。

这些与众不同的学校，声望与日俱增，引起了政府的不满。1863 年夏天，托尔斯泰由于劳累过度，带着两个学生到萨马拉草原作马乳酒治疗。谁知在此期间，图拉省宪兵司令杜尔诺夫上校带着宪兵在夜间突然闯进了亚斯纳亚·波利亚纳庄园，要搜查禁书。他们用了两天的时间仔细搜查印刷机和禁书，把庄园翻了个遍，差点没有掘地三尺。结果，除了在一名教师那里翻到了一本赫尔岑作品摘录手抄本外，其他什么禁书也没有查到。

这次宪兵的搜查破坏了托尔斯泰的声誉，使他感到十分痛苦，学校的教育工作也因此中断了。这段时间他在思想上所受的震荡，以及因同农民的频繁接触而接受他们对事物的一些看法，成为他日后世界观发生转变的契机和开端。

宪兵们破坏了他的学校，但未能阻止他对农民孩子的关心，他并未间断为孩子们工作。后来，他又计划创办一所初级农民师范学校，并称之为"穿树皮鞋的大学"，但最终因经费匮乏只得作罢。1872 年，托尔斯泰又在庄园里创办了一所学校，他创办教育的热情和拯救孩子的责任感更加强烈，甚至连他的家人都被这种执着的热情所感染，纷纷参加了学校工作，他本人、妻子、几个孩子，还有客人都上讲台为孩子们授课。

过去用来教孩子们的课本，大多都是枯燥乏味和令人费解的，不能满足孩子们的阅读需要。托尔斯泰就亲自编写《启蒙课本》和阅读用书，还编写和翻译了一系列内容丰富的儿童读物。除了文学作品，还包括天文学、物理学、动物学和植物学等各门学科。作为伟大的文学家，托尔斯泰是善于观察生活的，不管他写什么，都能描绘得栩栩如生。数以万计的孩子用他编写的课本学习，领略到了作家倾注了无限爱心的艺术珍品。

托尔斯泰对人民充满了热爱之情，他渴望造福于社会，创办农民子弟学校，出版教育读物，在俄国的教育事业上做出了巨大的贡献。

向人民走去

在 19 世纪 70 年代，托尔斯泰的长篇小说《安娜·卡列尼娜》即将完成时，他对自己的生活感到越来越不满意，世界观出现了严重的危机。他看到广大群众过着极端贫困的生活，而那些官僚贵族过着奢侈的生活，却从未想过要改变现状。由此，他看到了在富人的奢侈和穷人的贫困之间存在着一条不可逾越的鸿沟。

他清楚地看到了统治阶级的虚伪和不义，也看到了劳动人民的精神美德，明白了自己想要各个阶级团结起来愿望将化为泡影，地主阶级和农民阶级的利益永远也不可能一致！

于是，他抛弃了一切上层社会的传统观念，经过一番深思熟虑得出结论：地主阶级不能重新振作起来，不能拯救自己的国家，更不能建立一个公平合理的社会。为此，托尔斯泰陷入了绝望之中，甚至想过要结束自己的生命来摆脱这个困惑。

对于未来的日子，托尔斯泰在自己所在的阶级中找不到出路，于是他把视线转向了农民阶级身上。他对老百姓很亲近，也很尊重他们，因而人们纷纷从国家的各个地方来到亚斯纳亚·波利亚纳拜访他。在同劳动人民交往中，托尔斯泰努力地使自己了解百姓的痛苦和要求，领悟他们的道德情操，并抓住机会学习他们的语言。

1881 年，托尔斯泰全家迁居莫斯科。在那里他的心情变得很坏，因为上流社会消闲娱乐的风气侵袭着他的家庭生活，街头的喧闹，城市的拥挤，奢侈与贫困的尖锐对立，无时不使他心烦意乱。为了摆脱苦闷的心情，他乘船渡过莫斯科河，登上麻雀山，在大自然的环抱求得一丝安宁。当他在树林里遇到干活的人们，便亲切地走到他们身旁，一起锯木头，劈烧柴，愉快地和他们进行交流。

为了深入了解普通的城市居民的生活，一天下午托尔斯泰走进了希特罗夫小客栈，这里聚集着许多来自外省的农民，他们衣衫褴褛，饥寒交迫地等待着在这个贫民小客栈过夜。面对此情此景，托尔斯泰再也不忍心看下去了，他把身上所带的钱全部分给了他们，但却远远不够，还有成千双渴望的眼睛盯着他，等待着救济，托尔斯泰内心更加痛苦了。

1882 年 1 月，托尔斯泰主动参加居民人口调查工作，他被分配到勒扎诺夫大杂院，在这里他亲眼看到了社会最底层人民的悲惨生活，感动得痛哭流涕。他明白了依靠个人力量拯救每个不幸者是徒劳无益的，问题在于整个社会经济制度。

参加这次人口普查工作以后，托尔斯泰回到亚斯纳亚·波利亚纳，他深陷于生活的漩涡中，思想和现实的矛盾既不能调解又无法解脱，终于，他看透了西方"文明"、"理性"的虚伪，否定了资本主义的生产方式，进而把目标转向了"宁静"的东方哲学中，在这里他找到了生活的力量。

早在 1877 年时，托尔斯泰就开始阅读老子的著作，并写过大量评注和介绍老子思想的文章，还准备将老子的《道德经》从法、德文译成俄文，但由于各种原因未能实现。但在以后的日子里，他对老子的兴趣并未减小，一直专注于学习和研究老子著作持续到暮年。此外，他还研究过孔子、孟子和墨子等中国古代哲学家的学说。他认为，孔子和孟子对他的影响是大的，而老子对他的影响则是巨大的。

在托尔斯泰看来，老子强调的自我主张，不仅可以使人的心情平息下来，保持高远纯净的境界和原始真朴的气质，而且也是缓和社会矛盾的灵丹妙药。尽管他对东方民族哲学给予了高度的评价，但圣贤们的伟大真理并没有帮助他找到解决问题的办法。

托尔斯泰在撰写《那么我们应该怎么办？》时，经常到农民的家里去，了解他们对什么最感兴趣。他努力地使自己接近人民，全身心地帮助人民群众。而在此时，他和家庭的关系却越来越疏远了。家里人对他的行为不理解、不支持，他内心感到很孤寂。于是，他萌发了离家出走的想法，但一想到妻子有孕在身，只得半道上又返回家了。

他的夫人索菲娅是宫廷御医的女儿，从小就跟随父亲出入宫廷，一直过着上层贵族阶级的生活，即便嫁给了托尔斯泰，也未能受其影响摆脱世俗的偏见。在对待财产和享受生活的问题上，家庭矛盾日益激化，索菲娅不理解丈夫思想突变的意义，总是用贵族阶级的传统观点和他作对，托尔斯泰要把财产分给农民，她第一个站出来反对。

1895 年，托尔斯泰的家庭矛盾还在继续，新的矛盾又产生了，家人又为他的著作权开始斗争了。此前，托尔斯泰已经公开表示放弃 1881 年以后的著作权，供社会公共使用，但妻子坚决反对，她到处搜查丈夫的手稿。有一次，托尔斯泰躺在病床上，索菲娅还逼着他交出收藏手稿的抽屉钥匙，女儿萨沙在一旁恳求母亲不要打扰父亲，索菲娅却气愤地说："要知道，我要钥匙。他一走，手稿就会被人偷走。"在索菲娅看来，似乎手稿比丈夫的身体健康更加重要。

1910 年秋天，托尔斯泰终于离家出走了，他准备到保加利亚托尔斯泰主义者的移民区去，假如弄不到护照，就到高加索去。不料在途中他生病了，已达 82 岁高龄的托尔斯泰终于抵不过阴霾的天气和感情的煎熬，于 11 月 7 日清晨与世长辞。他对周围的人说了人生最后几句话："这就是结局！没有什么，我只奉劝你们记住这一点：除了列夫·托尔斯泰以外，在世上还有无数的人，而你们却盯着列夫一个人。"临死时，托尔斯泰还没有忘记那些生活在水深火热中的人民，对人民的情感非同一般。

噩耗传来，举国悲痛，世界上许多进步人士对托尔斯泰的逝世表示哀悼，数以万计的群众赶到车站为他送葬，亚斯纳亚·波利亚纳的农民将他的灵柩从车站一直抬到庄园。遵照他生前的遗愿，人们将他安葬在扎卡斯峡谷旁老树林里，护送他走完了最后一段路程。

四、雨果

雨果（1802—1885），法国浪漫主义作家，人道主义代表人物，法国19世纪前期积极浪漫主义文学运动的代表作家，法国文学史上杰出的资产阶级民主作家，被人们称为"法兰西的莎士比亚"。几乎经历了所有19世纪法国的重大事变。一生写过许多诗歌、小说、剧本、各种散文、文艺评论，以及政论文章，是法国最具有影响的人物之一。

致力于文学创作60多年，作品包括26卷诗歌、20卷小说、12卷剧本、21卷哲理论著，总共有79卷之多，给法国文学和人类文化宝库增添了一份丰富的文化遗产。

代表作是：长篇小说《巴黎圣母院》（即《钟楼怪人》）、《悲惨世界》、《海上劳工》、《笑面人》、《九三年》，诗集《光与影》和《就英法联军远征中国给巴特勒上尉的信》，短篇小说《"诺曼底"号遇难记》》（也叫《船长》）。

如梦的童年

　　1802 年 2 月 26 日，雨果出生在法国贝藏松市，父亲是下莱茵第八营指挥官莱奥波德 – 西吉斯贝尔·雨果少校，由于孩子的教父是维克多·拉奥里将军，教母是贝藏松要塞司令夫人玛丽·德塞里埃，为了表示对他们的尊敬，父亲为他取名为维克多 – 玛丽·雨果。

　　雨果排行第三，他还有两个哥哥阿贝尔和欧仁。父亲生在一个木工家庭，16 岁参军，当时正值法国大革命爆发，为了保卫共和国，出生入死。由于在战场上表现得英勇顽强，屡立战功，被提升为莱茵部队的一名上尉。母亲索菲是一个船主的女儿，其父亲是保皇党人，天主教徒，由于父母早逝，她由姑母抚养长大。姑母也是保皇派分子、伏尔泰信徒。受她的影响，索菲也具有保皇思想，并继承了姑母刚毅的性格。

　　军队的生活是不固定的，索菲不得不带着孩子们不断迁徙，先去科西嘉，再转往波托费拉约和巴斯蒂亚，这样的迁徙生活令索菲十分厌恶。在雨果两岁时，她带着他们兄弟三个迁居巴黎，在此后的几年里，他们不断地往返于巴黎和丈夫的营防驻地之间。

　　父母的爱情原本充满了浪漫和激情，但随着岁月的流逝，由于两人政治观点和信仰的不同，感情渐渐的淡了，两人的关系逐渐恶化。最后，索菲受不了漂泊不定的军旅生活，带着孩子们定居在巴黎。父亲恢复了单身，身边总会有一个美丽的科西嘉姑娘陪伴，而母亲索菲也同丈夫的上司拉奥里将军成了志同道合的亲密朋友。

　　父母分居后，索菲带着孩子们在巴黎租了一座古旧的楼房住了下来。这座房子位于一条偏僻的街道上，本来是斐扬底纳修道院的旧址，后来成了私人的资产。房子的周围是茂密的灌木丛林，在树丛中蕴藏着许多小昆虫，给童年的雨果带来了许多乐趣。

雨果随母亲定居巴黎时，大哥阿贝尔已经上了中学，他跟着二哥欧仁在一所私立学校读书。课余期间，他们哥俩就像欢跃的小鸟一头扎进丛林中，不是捉迷藏，就是玩游戏，或者蹲在地上观察蚂蚁搬家、打仗，一蹲就是几个小时，有时甚至和昆虫打起架来。

玩耍时忘乎所以，身上受点小伤是在所难免的。小时候，雨果身上经常会受伤，不是头上被撞了个大包，就是皮肤被蚊虫叮得一片红，要不就是从树上滑下来时蹭破了皮，或者是荆棘刮破了衣服。每次玩耍后回家，他们总是小心翼翼担心被母亲骂，幸运的是，母亲并没有过多的责备他们，更没有受到体罚，他们心里高兴极了。

在雨果身上留下的一些伤疤，都是调皮的童年生活刻下的印记。他的手指上有一处伤疤，那是他在玩弄小狗时，被它咬了一口而留下的纪念。他的膝盖上也有一处疤痕，那是他在学校玩游戏时，摔了一跤留下的痕迹。最明显的要数他额头上那个小疤痕了，那是他年龄更小时，在随军途中留下的永恒纪念。

那是在以前的随军生涯中，有一次，母亲索菲带着雨果兄弟三人前往父亲的驻防地，在途中的西班牙萨达拉斯露宿一晚。听说晚上要露天住宿，孩子们感到格外新鲜，一到晚上就活跃起来了。兄弟三人在碎瓦残壁中捉迷藏，雨果年龄最小，但很机灵，他在石堆中窜上窜下，两个哥哥都抓不到他。为此，他感到十分得意，高兴得忘乎所以，结果在情急中跳上一块松动的石头，连人带石一块摔了下来，当时就失去了知觉。当他被哥哥抱回母亲身旁时，已经满头是血，母亲吓坏了，赶紧找来外科军医为他治疗。幸好，第二天伤口愈合了，但那个疤痕却永久留下来了。

无论是在随军生活中，还是在与丈夫分居定居巴黎，母亲的心情都不是愉快的，但这似乎并不影响小雨果快乐的童年生活。庭院的时光，漂泊的生活，反而为天性好奇、爱玩的孩子增添了更多的乐趣，让他有机会接触更宽广的空间。童年的生活如梦一般，在雨果的脑海中留下了深刻的印象，为日后的创作提供了生动而丰富的资源。

4岁时雨果跟着二哥开始上学，学过拉丁语和希腊语的课，在8岁时就能流利地阅读并翻译贺拉斯的文章。12岁时，他进入戈蒂埃和德高特寄宿学校，学习哲学和数学。雨果酷爱学习，经常到了废寝忘餐的地步，尤其爱好读书，常常对一本书爱不释手。他对文学十分感兴趣，十二三岁时，他就尝试着写了许多诗歌，还写了一部歌剧、一部散文剧、一部史诗和一部五幕诗体悲剧的剧情梗概。

12岁那年，父母正式分居，两人之间的矛盾到了不可调和的地步，他们的性格、政治信仰各不相同，最重要的是彼此的感情早已淡漠，并各自有了自己的情人。索菲不能容忍自己的丈夫趁她不在时寻找另一个女人，而雨果将军也无法忍受另一个男人和自己的女人关系暧昧，尤其这个男人是自己的上司！为此，约瑟夫国王也曾几次从中调解斡旋，但终不能阻止两人的关系恶性发展。

两人正式分居后，雨果将军亲自去巴黎把两个小儿子送到戈蒂埃和德高特寄宿中学。为了不让孩子受到母亲索菲的影响，雨果将军让他的姐姐照顾两个孩子。但无论如何母爱是割舍不去的，孩子们还是想念自己的母亲，他们痛恨姑母，指责父亲，家庭的不幸变故使雨果过早地结束了快乐的童年生活。

在文学上初露锋芒

人们在孩童时代喜欢模仿大人的样子，并在不断的模仿中渐渐长大，雨果也是如此。他不仅模仿成人的思维和生活方式，同时也模仿着文学创作。与其他人不同的是，雨果只对文学创作有着超乎想象的兴趣，并表现出一定的天赋和超凡的创造力。

早在13岁时，雨果就写过一本诗稿，并在同学之间流传开来。他从小学习拉丁语，白天，在学校里阅读贺拉斯的短歌和维吉尔的农事诗；晚上，再把这些诗歌译成法文。正是在这样一首一首的译诗过程中，雨果逐渐地培养起了对文学创作的兴趣。

在少年时代，雨果写过各种形式的文学作品，还尝试过将这些诗歌投到各种杂志报社中。15岁时，法兰西学院举办一次有奖征文活动，雨果写了一首《读书乐》应征，得到了学院的奖赏，并得到了国王发给他的每年1000法郎的助学金。17岁时，雨果参加了法国南部图卢兹文学院的诗歌竞赛，两次获奖。其中，在拟题诗歌《亨利四世雕象重塑颂》有奖征文竞赛中，他获得了一等奖——金质百合花奖。

命运第一次向雨果微笑，他在文学创作上取得了小小的成果，那些外界的奖励就像一剂润滑剂，推动着未来的文学家在诗歌的道路上滑行。假如没有这些早期的成功，就不会有一个伟大的文学家问世。

然而，雨果早期的诗歌创作，仍然是停留在模仿的层面上，严格按照古典主义诗歌的格律，以程式化的语言写就，并未表现出他对诗歌音乐性、诗节灵活性的本能追求和对风格的直觉感悟。但无论如何，他很早就已经表现出了与众不同的文学才华，也体现出了他对社会政治问题的广泛关注和开阔的视野。

1819年12月，雨果和两个哥哥共同创办了一个名为《文学保守者》

的刊物，他自任主编。从此，这个刊物便成了雨果在文学上练兵的演习场，他早期的诗歌大部分都发表在这个刊物上。此外，他还发表了许多评论文章，从这些文章中，人们可以看到作者对拉丁文和希腊文的知识极为全面，文学理论的造诣相当高，并显露出了作者独特的眼光和观察视角。最后由于经费不足，再加上在社会上的影响不大，《文学保守者》就停办了。

1822 年 6 月，雨果出版了第一本诗集《颂歌与民谣》，这让他十分高兴，尽管书的封面只是用灰色的包装纸，封面上的画也很拙劣，但看到自己的名字变成铅字印在书的封面上，一种满足感和自信心油然而生。

这本诗集的出版还要感谢大哥阿贝尔，是他私底下将雨果的诗稿收集起来，送到印刷厂，并自己出资印制了 1500 册。这本书十分畅销，但评论界却保持了令作者相当难堪的沉默。他原本以为文学批评家们会热火朝天地进行评价，至少那几家保皇派刊物应该会有所响应，但结果并不像他想象那样，他只读到了寥寥几篇文章，对此他感到有些失望。不过，这本书传到了宫廷，国王很欣赏这个具有保皇思想的年轻人，决定赏赐给他 1000 法郎的奖励。

雨果的《颂歌与民谣》诗集很畅销，第二年再版时同样受到了人们的普遍欢迎。同一年，他又出版了中篇小说《冰岛莽汉》，被评论界称为"奇异的集子"，虽然算不上一部成功的作品，但却激起了人们的好奇心。并且，作者在作品中表现出来的奇特想象力也使评论家们为之侧目，小说一出版就马上销售了一两万册，人们争先恐后想要拜读它。

这部小说的畅销，给雨果带来了许多荣誉，他为此十分高兴，他的思想逐渐地向浪漫主义靠拢，并加入了由浪漫派组织的第一个文社，出版同人杂志《法兰西诗神》。于是，雨果开始全面地向文学界进军，但这个杂志没办多久就停刊了，不久组织也自动解散。

在随后的几年里，雨果并没有停下来，他一直努力地写诗歌，创剧本，经常与文学界的同仁们切磋交流。1826 年，雨果又和诗人维尼、缪塞、大仲马、诺迪埃等人共同成立了浪漫派的第二个文社，旗帜鲜明地反对古典主义。

第二年，雨果发表了《〈克伦威尔〉序》。这是一篇真正使人耳目一新的艺术宣言，当雨果在诺蒂埃兵工厂向众多文艺界人士和文学爱好者们宣读这篇序言后，台下掌声雷动，浪漫主义的拥护者们给予了极大的支持。

这篇序言一发表，即在法国文坛上引起了极大的反响。它被誉为浪漫主义戏剧运动的宣言和声讨伪古典主义的檄文，从此奠定了雨果的浪漫主义领袖地位。

事实上，《〈克伦威尔〉序》并非无懈可击，但在当时它对反对落后的古典主义有着积极的影响，推动了进步的浪漫主义文学运动的发展，同时也标志着他的政治观念开始由保皇主义转向支持民主和进步。

1829 年，雨果创作了戏剧《玛丽蓉·德·洛尔美》，打破了传统的"三一律"，获得了浪漫主义拥护者们的一致好评，有许多剧院争着要上演这个剧本，但内务部以该剧攻击了在位的国王以及诽谤了国王先祖为由，禁止《玛丽蓉》的上演。

这些并没有阻止雨果对古典派的进攻，他立即又创作了一部戏剧《欧那尼》。这个剧本打破了古典主义情节在同一时间地点进行的规定，同时也跨越了古典主义戏剧规定的悲、喜剧绝然分开的界限，将悲、喜剧的成分表现在同一个剧里。同时，这也是他在《〈克伦威尔〉序》中阐述的文艺原则的一次成功运用。

1830 年，《欧那尼》在法兰西剧院连续演出了 45 场，场场爆满，每场都出现了古典主义和浪漫主义两派的激烈斗争，但在 8 年后《欧那尼》重新上演时，全场只剩下掌声和喝彩声，没有了昔日的嘘声和尖笑声了。《欧那尼》的成功上演，标志着浪漫主义戏剧的成功，从此，在法国舞台上乃至法国文学史上，它都占据着重要的地位。

和人民站在一起

　　1830年7月，在雨果创作《巴黎圣母院》之前，法国爆发了"七月革命"，封建复辟王朝被翻了，法国建立了资产阶级统治的"七月王朝。"

　　新生的王朝不断地拉拢雨果，1841年雨果被选入法兰西学士院，1845年路易·菲力浦封他为法兰西贵族世卿，还当上了贵族院议员。在从政期间，雨果创作中的斗争热情逐渐减弱了。1843年，他写了一个神秘主义剧本《卫戍官》，上演时被观众喝倒彩，这对他造成了很大的打击，为此他在文坛上沉默了将近10年。

　　1848年，巴黎又一次爆发了革命，人民冲向了街头推翻了七月王朝，雨果来到人民群众中，大声地宣布："国王逊位了！奥尔良公爵夫人将任摄政女王！"说完第一句话，人们开始欢呼起来，但说完后一句话，人们开始愤怒地谴责他，甚至有人高呼："绞死法国贵族！"

　　这究竟是为什么？雨果不明白，但在内心深处，他是和人民是站在一起的。他在自己的作品中倡导仁爱，宣传人道主义，反对暴政和压迫，表现出了对人民的同情，以及充满了对改变现实世界不平等状况的希望。人民的利益与自己的利益是休戚相关的，自己是不会和人民作对的，但他们为何要这样对待自己呢？他感到困惑了。

　　第二天，雨果参加了临时政府大会。会议结束

描绘法国七月革命的画作《自由引导人民》

后，雨果向人民发表了演讲，最后他振臂高呼："全世界的自由万岁！世界共和国万岁！"不久，他被当选为立法议会委员。在告选民书中，雨果宣称自己向往没有阶级差别和地位差别的"文明的共和国"，但这样的理想注定会湮灭在现实生活中。资产阶级一旦掌握了政权，就把人民的利益抛在一边。他们把完成革命的理想主义者踢出了政权，开始不顾一切地追求自身的利益。

人民对他们的做法非常不满，再次走上街头，同资产阶级的共和国政府开始了决斗。雨果心急如焚，他从一个街垒走向另一个街垒，试图说服人民放下武器，与政府和解。他不愿看到流血和暴力，希望能够实现各阶级之间的和平。但劝解和调停没有起到任何作用，统治阶级根本不愿意做出妥协，他们对起义的人民进行了残酷的镇压。

在双方斗争期间，起义人民占领了雨果居住的那个地区，一群衣衫褴褛的起义者闯入他的家里，当时屋内空无一人，他们是来搜寻武器的。当人民被迫与政府进行对抗时，事前毫无准备的人民是无力与政府武装相抗衡的，他们不得不去民间强行敛集武器，当在房间里搜索到那些古老的火枪和贵重的大刀都是艺术品时，又把东西放回原处。他们怀着肃然起敬的心情，默默地注视着屋子里的一切，然后返身走出重新投入战斗。

对于此事，雨果满怀敬意地说："当他们走了以后，房里空无一人的时候，才发现那些人的光脚什么东西也没践踏过，那些人的被火药熏黑了的手什么也没有碰。珍贵的东西一件也没丢，一张手稿也没有挪动过。"

毫无反抗能力的起义人民很快就被政府镇压了。在国民议会中，大多数议员都赞成镇压六月起义，只有包括雨果在内的少数人表示反对。少数服从多数，这是惯例，既然无法阻止政府的镇压行为，雨果只能倾尽全力为被捕下狱的起义者辩护，并设法减轻对他们的刑罚。

在此后的国民议会中，雨果以合法斗争的形式为自由和人道而努力。8月1日，雨果在国民议会上发表了争取出版自由和反对逮捕作家的长篇演说；9月2日，他发表声明反对政府宣布的戒严令，反对实行军事独裁；9月15日，他又发表了主张废除死刑的著名演说。

雨果是一个伟大的文学家，但他却不是一个杰出的政治家，在政治上他缺乏洞察力，当那位表面和善的亲王路易·波拿巴以总统侯选人的身份亲自拜访他时，雨果被他蒙蔽了双眼，竟然投了他一票。结果，新上任没多久，他就露出了自己的真面目。

1851 年 12 月，路易·波拿巴发动政变，与欧洲的反动势力相互勾结，镇压人民的革命运动。路易·波拿巴上任不到半年，便应教皇庇护九世的请求，派兵进攻罗马，推翻新成立的意大利共和国。而在法国，他加紧了复辟帝制的活动，建立了法兰西第二帝国，实行恐怖政策，对反抗者进行无情的镇压。

当雨果发现路易·波拿巴的种种倒行逆施的行为后，旗帜鲜明地与之展开了斗争。他宣布退出"秩序党"，反对议会的保皇党人的思想，反对通过废除普选法的议案，反对将学校置于教会监督之下的所谓国民教育改革……

在这次镇压中，雨果也受到了迫害，不得不流亡国外。12 月 11 日，在朋友的帮助下，雨果乔装为一个印刷工人，乘火车离开了巴黎，到比利时边境时，海关人员检查他的护照，只见上面写着：朗万，印刷排字工，年龄 48 岁，身高 1.7 米。头发：灰白色，眉毛：栗色，眼睛：栗色，胡须：灰白色，下巴：圆形，脸庞：椭圆形。

海关人员挥挥手，他从容地过去了。从此，雨果开始了长达 19 年的流亡生活。

挥笔写世界

　　雨果在流亡在外期间，并未停止对路易·波拿巴的斗争，他写过政治讽刺小册子和政治讽刺诗，抨击路易·波拿巴的独裁统治。在这期间，他还先后发表了《悲惨世界》、《海上劳工》和《笑面人》等长篇小说。

　　其实，自从踏入文坛以来，雨果就在希望能写一部百科全书性质的社会小说。早在1840年以前，他就在一张稿纸上写下了如下的写作提纲：

　　一个圣徒的故事，一个男子的故事，一个女人的故事，一个小姑娘的故事……

　　同时，他为这部为创作的小说取名为《不幸的人们》。

　　5年后，雨果开始创作这部小说。为了使作品具备更有真实的意义，他亲自到巴黎的贫民区和旦尔市的贫民窟进行采访，并在国民议会上发表《论贫困》的演说。到1848年时，他已写出了部分章节，并将这部小说命名为《让·特莱让》。

　　此后的岁月里，雨果积极地投身革命的斗争中，没有时间进行创作，小说的撰写暂时中止。1860年4月，雨果拒绝了路易·波拿巴的特赦令决定继续流亡国外。不久，他打开了那只藏有珍贵手稿的铁皮箱子，重新投入到创作当中。

　　在经历了许多磨难后，雨果的人生阅历丰富起来了，

巴黎圣母院是雨果《巴黎圣母院》一书中故事的发生地

他的写作审视点不再停留在从前的时代了，他不仅要写出自己的见闻，更要将自己的思想也写进这部人生大书之中。

为了完成这部小说，雨果离开格恩济岛前往比利时，到拿破仑惨败的滑铁卢战场附近的圣约翰山，在此废寝忘食地写作一个半月，终于把这部小说完成了。写完后，他满怀着喜悦的心情给朋友写信说："今天，1861年6月30日早晨8点30分，灿烂的阳光照耀在我的窗扉上，我写完了《悲惨世界》。"

《悲惨世界》的第一卷在次年4月份出版，立即获得了法国人民的喜爱，它的声名不胫而走，人们争先购买。在销售该书的书店门前，人们排起了长长的队伍，报刊上出现了大量评论这部小说的文章……

这部小说一下子就火热起来，一位年轻的出版商付给雨果30万法郎购买了此书12年的版权，这是他有生以来获得的最大一笔巨款。但相对于那位出版商从1862年到1868年的短短6年间，获得纯利润51.7万法郎来说，还是受之无愧的。

雨果塑像

雨果毕生热衷于政治，积极参与政治斗争，但他过于理想化，不谙政坛的翻云覆雨、尔诈我虞，不懂政客间狡诈阴险、玩弄权术的阴谋手段。因此，在激烈的政治斗争中，他总是处于下风，施展不了自己的能力，但当他挥起手中的笔与现实斗争，干预社会生活时，总能找到自己为人道主义、自由和进步斗争的最佳切入点和有效的手段，《欧那尼》是如此，《巴黎圣母院》也是如此，《死囚末日记》还是如此，而《悲惨世界》更是如此。

文学的意义在于表达作者的思想，创作的目的在于要干预现实生活。雨果的创作是完全自觉的，他非常清楚自己的创作目的。如果说在最初踏入文坛时，他不曾想过创作要取悦读者的话，那么在经历了法国大革命的风雨之后，他更不会去做一个庸俗的三流作家了。因此，雨果拒绝了出版商的修改建议，并坚定的回答："一部迅速展开情节的轻松喜剧，成功的寿命只有12个月，而一部思想深刻的戏剧的寿命却是12年！"事实证明了他的预言。

小说《悲惨世界》共有五部，其情节离奇而惊险，极富戏剧性，但真正震撼人心，给人深刻印象的还是小说中众多的典型人物。《悲惨世界》达到了19世纪法国小说难以企及的思想高度，同时，它还是现实主义和浪漫主义创作方法的完美结合。

文学是人生的艺术，雨果是为人生而创作的。不仅如此，他自己的人生也是艺术的人生，他用自身的实践去追求和履行自己创作中所努力倡导的精神，并将自己艺术化的人生融入于自己的文学创作之中，这也是他的作品具有长久生命力的根本原因，也是《悲惨世界》能够永久地载入世界文学宝库的原因所在。

《悲惨世界》陆续出版后，雨果又写了长篇文论《莎士比亚论》，修正了自己以前的一些文学理论观点，重新定义并阐释了浪漫主义，并从新的视角、运用新的方法对莎士比亚的思想和艺术给予了新的认识和评论。

在流亡格恩济岛的日子里，雨果每天面对着大海，观察并体验着岛上渔民的生活。渐渐地，他熟悉了大海，熟悉了小岛，也熟悉了岛上的人。他深入了解了英吉利海峡群岛的文化习俗，并对各种民间传说、歌谣等材料进行广泛的搜集和研究。于是，他写了一部小说《海上劳工》献给当地岛上的居民。这部小说以主题新颖和笔调浪漫而著名，在雨果的创作的作品中占有独特的地位。

从1866年起，雨果着手准备各种材料，准备写一部批判封建政治制度的小说，因为他拥护共和政体，觉得有必要将封建制度的残酷和罪恶加以清算。他找来了大量资料，阅读了许多关于英国的历史著作，并加上大胆的想象和虚构，于1869年5月完成了这部作品，并为它取名为《笑面人》。小说通过种种描写，对黑暗的社会进行了讽刺和鞭挞，对正义和美德给予了讴歌和赞美，从而表达了作者改造社会、改造人类的人道主义理想。

光芒不散

　　1870 年，普法战争爆发，路易·波拿巴垮台，法国成立了共和国，资产阶级掌握了临时政府的大权。雨果说过"我将在重建共和国之日返回祖国"，这一天终于来到了！他立即踏上了返回祖国的旅程。回到巴黎，雨果受到了人民的热烈欢迎。

　　雨果这次回国不是享受鲜花和微笑，而是要与祖国共患难，抵御外侵，抗击普军。在战争期间，他以激昂的爱国主义热情投入斗争中，选择了口和笔为武器，发表战斗檄文《致法国人》鼓舞人民的斗志，传遍了共和国的每个角落。

　　雨果不仅向巴黎人民呼吁，号召人民坚守城市，艰苦斗争，拯救祖国，而且他还向德国人民呼吁，只有帝国才有战争，进攻另一个兄弟民族而获胜只是耻辱。法国人民起来了，举国上下各个阶层的人都纷纷站起来，拿起手中的武器奔赴战场，但法国统治者不善于外战，不久巴黎就陷入四面包围之中。伴随着共和党人的被捕，法国政权又恢复了原有状态。

　　次年 3 月 18 日，法国爆发了一场轰轰烈烈的武装起义，巴黎人民再也忍受不了政府的卖国求荣，他们占领了蒙马特尔高地，到晚上时，起义者已经占领了整个城市。

　　3 月 26 日，巴黎公社在公社委员会的选举中掌握了国家政权，这是世界上第一个无产阶级革命政权，对后世有着深远的影响。从此，巴黎人民站起来了，工人阶级第一次当家作主，他们欢呼着，从来没有这么高傲地仰起头。公社颁布了自己的法律，并宣布建立人民军队，就连妇女也积极参加了这个政治斗争的队伍中。

　　《九三年》是雨果最后一部重要的作品，于 1872 年完成。作品以 1793 年法兰西共和国军队镇压旺岱地区叛乱这一历史事件为题材，表现了资产阶级革命中惊心动魄的历史内容和不以人的意志为转移的斗争规律。雨果于1873年返回巴黎，为实现人类的和平而呼吁，在和平代表大会上，他连续几次要求恢复法律，实现和平，一如既往地要求废除死刑。最终他的赦免方案被通过，为法国人民做出了贡献。

通常情况下，伟大的人物生前辈受冷落，如画家凡高，但雨果却是一个例外。虽然他一生历尽坎坷，饱尝苦难，但同时也获得了极高的荣誉，得到了人们的尊敬和热爱。

雨果诞辰80周年的那天，举国上下把这天作为国家的盛大节日予以庆祝，所有的中小学都放假一天，并取消了对学生的处罚。在雨果家的门前，人们搭起了一座凯旋门。从这天中午起，人们手捧着鲜花川流不息地走到雨果的身前，向这位伟大的人道主义者与和平使者致以最真挚的祝贺。

在这些前来祝贺的人们当中，有曾经得到过他恩惠的巴黎公社社员及其家人，有从他的文学作品中汲取人类智慧的世界各国的代表，有聆听过他演讲而获得生活的信心和勇气的来自全国各地的人民，就连法国政府总理也亲自登门祝贺……

在过生日这天，从雨果家经过的游行队伍整整行进了6个小时，其人数达60万之巨，从未有任何人做过组织和策划，也没有任何政府部门的指挥和规定，完全是自发的，是出自人们内心的！这就是文学的力量，是用真诚的心换来的结果！

后来，罗曼·罗兰评价说："对我们来说，雨果的名字总是和共和国联系在一起的。在所有的作家和艺术家中，他是唯一获得永远活在法国人民心中这种荣誉的人。"

到达耄耋之年的雨果，精力和体魄渐渐地不如以前了，尤其是情人尤利叶·德鲁埃的去世，给他造成了很大的精神打击。1883年5月尤利叶去世，她追随雨果50年，与雨果相爱50年，虽然没有妻子的名份，但却是雨果真正共患难的爱人，在雨果最困难的日子里，她总是陪伴在他身边，不离不弃。

在尤利叶去世前，雨果送给她一张照片以纪念他们相爱50年的珍贵情感。在照片的备案，雨果写下了一行字："相爱50年，这就是最美满的伉俪。"如今，尤利叶先他而去了，雨果感到了生命的迫力和精神的孤独。

他在诗中吐露心声:

再也看不到她了,叫我怎么活?

往后的岁月是一副沉重的负担,

主啊,我求你,一天也别让我等待,

请你快快召唤,快快把我召去吧!

在人生最后一段时光里,雨果日益关注身边亲人的生活,尤其关注穷人的生活。早在外国流亡期间,他就将自己收入的1/3拿去资助穷人。在两年前立下的遗嘱中,他规定留下4万法郎给穷人,并将自己的全部文稿献给国家图书馆,并希望死后能用运载穷人的灵车将他送往公墓。尤利叶死后,他又修改了遗嘱,决定留给穷人5万法郎,并更加确定了要用穷人的灵车送葬,拒绝一切教会提供的葬礼服务。

1885年5月,雨果感染了肺炎,这是老人最忌讳得的病,他也预感到自己将不久于人世,就把亲人叫在身边一一告别,最后用微弱的声音说:"我看见了漆黑的光。"这是他生前最后的一句话。5月22日夜晚,雨果溘然长逝,走完了人生的旅程,享年83岁。第二天,政府宣布为雨果举行国葬,参众两院的全体代表中止会议以示哀悼,他生前所居住的大街和广场以"雨果"重新命名,参众两院迅速决定将雨果的灵柩安葬在先贤祠中。

5月31日晚上,人们在巴黎凯旋门附近搭起了灵台,12个青年诗人组成了仪仗队,数不清的人们为这位伟大的文学家守灵,每个人都在朗诵他的诗歌,到处堆满了鲜花和花圈,到处闪烁着盔甲和灯光。次日清晨,伴随着隆隆的鸣炮声,一辆装饰简单的黑色灵车缓缓启动了,没有牧师,没有主教,没有唱诗班,有的只是灵车后面两百万送葬的人们……

五、 海明威

　　海明威（1899—1961），美国著名小说家，被誉为美国人民的精神丰碑，同时也是"新闻体"小说的创始人。出生于美国伊利诺伊州芝加哥市郊区的奥克帕克村，晚年在爱达荷州凯彻姆的家中自杀身亡。

　　海明威的笔锋一向以"文坛硬汉"和简洁著称，对美国文学及20世纪文学的发展有着重要的影响。代表作：《老人与海》、《太阳照样升起》、《永别了，武器》、《丧钟为谁而鸣》等。其中，凭借《老人与海》获得1953年的普利策奖及1954年的诺贝尔文学奖。

一个好斗的孩子

1899 年 7 月 21 日，海明威出生在美国芝加哥郊外的奥克帕克村。童年时代，他对一切新鲜的事物充满了好奇之心，活泼好动，顽皮可爱，喜欢看图画和听故事，喜欢给家人和自己感兴趣的物品取一些好玩儿的名字，甚至于喜欢缝衣服。

进入幼儿园后，海明威对大自然产生了浓厚的兴趣，经常和父亲一起到森林里采集标本，或到第·普灵斯河两岸的灌木丛里观察鸟类。5 岁那年，外祖父霍尔送给小海明威一台显微镜，他非常喜爱，拿着它认真地研究自己采集的各种标本。

有趣的是，海明威小时候一直是以女孩的装扮出现的。远在维多利亚时代，有把男孩子打扮成女孩子的风尚，具有英国血统的海明威的母亲，刻意地将小海明威和他的姐姐打扮成一对双胞胎，让他穿着绒毛篷松、镶有花边的衣服，留着长长的头发，直到 6 岁以后，才渐渐地换回男装。

母亲格莱丝·霍尔是一位天才的女低音歌手，尽管未能在舞台上大放光彩，但她从未停止过对艺术的追求。她不喜欢做家务活，把全部精力都投入到艺术活动中。父亲埃德是一位小有名气的妇产科大夫，一生中接生过数千名婴儿。他是个精力充沛的人，不喜欢沉思梦想，热爱大自然和各种户外运动。

在海明威身上，母亲给予了他超凡脱俗的气质和出类拔萃的艺术才华，父亲则给了他健壮的身体和高超的运动本领。从母亲那里，他学会了唱歌和拉大提琴；从父亲那里，他学会了钓鱼、打猎、游泳和做木工活。

小时候，海明威喜欢听祖父安森、外祖父霍尔讲战争的故事，受其影响，海明威一生都喜爱渔猎，勇武好斗。在两岁多时，他就开始玩战争游戏，把捡来的木片、木棍当做各种各样的枪玩得不亦乐乎。

海明威5岁时，有一天他连蹦带跳地跑进外祖父的房间，兴奋地告诉霍尔，他赤手空拳单手拦住了一匹惊马！外祖父听了十分高兴，对海明威的母亲说："这孩子总有一天会出名的。如果他遇事多动脑筋，走正道，将来肯定会出人头地。但如果他放纵自己，走邪路，将来坐牢也一定有他的份。"

6岁时，海明威在学校的柴房内，捆住了一头沉睡的豪猪，然后兴奋地用斧头把它砍成了碎块。在这一年，外祖父由于受不了伤痛的折磨企图自杀，但海明威的父亲偷偷地把子弹卸下来了，因而自杀未成。这件事在幼小的海明威看来，父亲不让受伤痛折磨的外祖父自杀，是一件十分残忍且不能原谅的事。

海明威的好斗，甚至还表现在与父母可笑的对抗上。有一次，他因为不满父母严格的生活规律，不管父母如何打骂，他坚决不吃蔬菜，结果造成便秘，一连9天都大便不通。

或许海明威更多的遗传了父亲爱好运动的因子，当母亲坚持让他参加小型管弦乐队，并主攻大提琴时，他极为不满，自认为没有音乐天才，并断言即使再练100年，也成不了优秀的大提琴手。事实上，海明威的大提琴拉得还是很出色的，在中学时，他一直担任学校管弦乐队的大提琴手，并且颇能胜任。最重要的是，母亲早期灌输给他的音乐知识，对于他日后的文学创作有一定的帮助，这一点他自己也承认。

童年的海明威不仅在沃伦湖畔和广袤的大草原中学习划船、钓鱼、打猎，他还乐于博览群书。在上小学时代，他表现得十分出色，海明威从小就爱动脑筋，具有丰富的想象力，喜欢编造故事，并且把自己塑造成英雄式的人物。他登台表演过节目，扮演罗宾汉式的绿林好汉，甚至还尝试过写诗，描

海明威于奥克帕克的出生地

写幼年童子军的生活状况。

海明威十分喜爱运动，但刚进入中学时，他身材矮小达不到足球运动员的要求，为此他一度感到很烦恼，但这种困扰并没有持续多长时间，不久海明威身体就奇迹般地向上猛长，很快就长成一个高大、英俊、孔武有力的美少年。海明威的兴趣很广泛，喜欢各种各样的体育运动，不仅参加了学校的足球队，还组织了田径队，参加游泳队，并担任学校水球队的队长。此外，海明威还酷爱拳击运动，并参加过拳击比赛，事实上，拳击也是后来他经常炫耀自己，在演说、回忆录中夸夸其谈的事情。

在奥克帕克上中学后，当每个暑假到来时，海明威就急切地和朋友们一起长途徒步旅行，他最喜欢的活动还是钓鱼和打猎，似乎这两个爱好是他与生俱来的，它们给海明威带来乐趣的同时，也给他带来了一些麻烦。

有一天，海明威和妹妹一起到湖边游玩，当他们经过一片洼地时，一只蓝色的大苍鹭因受惊而猛地窜出芦苇丛，鸣叫着飞到空中。海明威一时兴起，一枪把它打了下来，正好被湖边的一位巡逻员逮了个正着。为此，海明威以在禁猎区偷猎为由第一次在法庭受审，并被罚款 15 美元。若干年后，他对此还耿耿于怀，认为这是他在少年时代所遭受的最大挫折。

对于一个活泼、好动，而又称得上多才多艺的人，海明威不仅参加了学校的管弦乐队，还参加了学校的各种戏剧演出活动，在台上表演了各种各样的角色。此外，他认识了第一女朋友朵拉斯·戴维斯。海明威很有女人缘，从此，在他的人生之路上，结识了一个又一个或作为朋友，或作为情人，或作为妻子的女性。

报社的记者

除了喜爱各种各样的体育运动外，海明威还对写作充满了兴趣，并在这方面表现出了非凡的才华和天赋，成为老师们非常喜爱的学生。他曾一度为学校的《特拉伊兹》周报写过许多通讯报道，讲述一些文化艺术动态和社区活动。在体育报道中，他刻意模仿一些著名的体育专栏作家快节奏、口语化的写作风格，并大肆地吹嘘自己的运动业绩，以致于他在学校体坛上的名气甚至超过了本校的其他体育健将。

海明威热衷于参加各种课外活动，这占去了他大量的时间，但除了几何和拉丁文成绩一般外，他的学习成绩还是很优秀的。因此，奥克帕克中学年鉴上明确记载着"还没有人比海明威更聪明"。也正是因为如此，海明威被同学们推荐在中学毕业典礼上做演讲。

高中毕业后，由于海明威出色的学习成绩，学校保送他进入伊利诺伊大学，他的父母也极力劝告他到奥柏林学院学习。但对于上大学，海明威一点都不感兴趣，他所迷恋的是正在欧洲打得热火朝天的战争。

为了参与战争，他多次应征入伍，但每次都因视力不佳而被拒之门外。不过，他还是参加了密苏里国民自卫队，并进行了为期6个月的军事训练，当时的海明威年轻气盛，傲然视物，给朋友们留下的印象独特而鲜明：

他真像一头野马，桀骜不驯，傲然户外，昂首长啸，警惕地注视着一切陌生的人。

海明威独自在外出闯荡一段时间后，在堪萨斯城找到一份工作——《星报》的新闻记者。于是，他满怀信心地来到了堪萨斯城，以饱满的热情和勤恳的态度应对报社的每一项工作。他主要负责采访报道一些突发性的、有影响的社会治安之类的事件，一天到晚，他都在外面疯跑，不管什么地方发生了什么事，他都要去瞧个明白，有时甚至新闻编辑室的工作人员都无法与他及时取得联系。

早在中学时代，海明威就在学校的周刊上写过报道和短篇小说，如今他的写作才能得到了良好的锻炼和发挥。况且，《星报》曾经培养了许多优秀的新闻记者，报社内还有一个文学部，专门摘录和搜集报刊杂志上一些优秀的文章和新闻资料供记者们阅读和学习。此外，报社内部发行的工作手册，也指导着记者们如何更好地写作。对此，他曾颇有感触地说："这是我在学习写作上，得到的最好锻炼，也是写作的重要原则，我永远不会忘记它。"

在学习写作的同时，海明威还一直不间断地关注并向往着欧洲大地上烽火连天的战争，他最大的兴趣始终都是如何杀上前线去。然而，视力问题一直都是他奔赴战场的最大障碍。直到1917年12月，经过《星报》的一位青年同事指点，海明威找到了参军的途径，他立即报名参加红十字救护车队，成为一名救护车志愿司机，这是一个对视力要求不高的组织，尽管不能冲锋陷阵，但毕竟能够走向战场了，无论如何都比呆在美国让人兴奋。

1918年5月，海明威乘坐"芝加哥"号前往法国，到巴黎后，他开着车看到哪里有炮击，哪里有火光，就往哪里赶。作为一名非战斗人员，海明威虽然身处硝烟弥漫的前线，却不能操控真枪实炮，他常常静坐在一条挖得很好的战壕里，只能做一些后勤工作，比如给那些在前线的战士们、伤兵们分发一些巧克力糖和香烟。这样的工作自然满足不了他一直以来的战争梦想，他渴望流血，渴望展示自己作为硬汉子的勇敢和刚强！

实现梦想的机会终于来了，1918年7月8日半夜时分，海明威在皮亚韦河畔的福萨尔处的战壕里给士兵们分发巧克力糖时，一颗巨大的迫击炮炮弹在他身边8英尺内爆炸了，强大的冲击力把他击倒在地，土块漫天飞舞地向他扑来，他身边的两个士兵当场被炸死了，还有一个士兵伤势惨重，海明威也受到了重伤，但当他苏醒以后，马上背起身边受重伤的士兵跑向地下掩蔽部的急救所。在奔跑途中，他多次被后面袭来的子弹打倒，但他都顽强地站起来了。到急救所时，他已经浑身是血，没有一块完整的肌肤，医师迅速进行初步检查，发现他身中200多块弹片，有237处伤口，能活着就是一个奇迹！

为了表彰这种勇敢顽强和舍己救人的精神，意大利政府给海明威颁发了英勇勋章，并高度评价了他的勇敢行为，高度赞扬了他以高尚的兄弟情谊，向同时受重伤的伤员伸出了救援之手、舍己救人的高尚品德。同时，海明威也是第一个在意大利负伤的美国人，尤其是他在身中 200 多块弹片后还能奇迹般地存活下来，使得他的英雄事迹得到了广泛的宣传，在美国公民心目当中，海明威第一次树立了自己的硬汉子形象！

对于生性好斗，迷恋打渔狩猎，崇尚战争和暴力的海明威来说，他对自己的流血负伤并不在意，认为这不是什么值得大惊小怪的事情。事实上，像这样的伤痛和意外事故伴随了他的一生。即便如此，他在意大利战场前线的受伤，对其一生都产生了重大的影响，并成为他生命的一个转折点。

在战场上，经历了战火的考验，并用实际行动证明了自己英雄形象，海明威从此对自己的勇敢和应对困难的能力充满了自信。同时，他也意识到，活下来或者死去都是他无法征服的，自己所能做的只有同命运作斗争，而不是屈服于命运的安排。他已经经受住了迫击炮和子弹的严峻考验，人生中再也没有比这些更可怕的东西可以杀死他了！

归来的战士

    海明威在战场上负伤后带着一身的荣誉回到美国，立即受到了家庭、亲友和新闻各界的热烈欢迎，他曾经工作的堪萨斯城《星报》，以及其他报刊都详细地报道了他的战功、受勋、康复，以及回到家乡的情况。

    为了表示对这位硬汉形象的英雄人物的感激和景仰之情，芝加哥的一些意大利籍的社团成员，为他举办了两次聚会，还有一些学校、俱乐部和教堂纷纷请他去讲演，而每次讲演，他随身携带的那条弹痕累累的裤子和战利品都赢得了观众的热烈欢迎。

    然而，激情毕竟是短暂的，欢迎的热潮过后，海明威就感到了心灵的孤寂。他身边的朋友们都有自己的工作，各忙各的，而他就像一个被关在密封的大匣子里的人，整天玩着打照明弹的游戏来打发无聊的时间。伴随着爱情的失败，他受到了严重的心理和精神打击。

    在意大利受伤后，海明威被送到米兰的战地医院治疗。在疗养期间，他结识了负责护理自己的护士阿格妞丝，并与她陷入了爱情的漩涡。当时，海明威只有 19 岁，而阿格妞丝已经 26 岁了，尽管年龄相差较大，但他们还是相爱了。海明威回到美国之初，阿格妞丝与他还是保持着亲密的联系，但没过多久，她就来信告诉海明威说，她爱上了一个那不勒斯的青年，他是一位富有的公爵继承人，她更愿意把自己的终身托于他。

    得知这个消息，海明威感到极度愤恨、恼怒、惶恐不安，甚至到最后发起了高烧，结果大病了一场。因为在他看来，女人的背叛是无法容忍和接受的，这对男人是一种极大的侮辱和伤害。海明威病好之后，不是毫无节制地喝酒，就是到处打猎，或者搞创作，依靠这些来解脱痛苦的心情，恢复本来的精神面貌。

    有一次，海明威和几个朋友一起去北部森林打猎，他们开着一辆破旧的旅行车，带着从奥地利人那里缴获来的卡宾枪和足够的子弹，按计划钓鱼、打猎、露营、野炊、喝酒、抽烟、放声高歌，玩得十分兴奋。当他们在回去的途中，经过波恩镇时，海明威想出了一个有趣的主意：当汽车开到路灯下时，开枪把灯泡打碎。在卡宾枪的狂扫下，有几盏灯泡都被打碎了。不久，后面就有警察赶来盘问他们，幸运的是，警察没有发现是他们开枪打碎了灯泡，要不然，海明威又免不了要到法庭走一遭。

在创作上，海明威在这段时间内写了《匹克斯·麦克卡蒂冲过去渥皮安的道路》、《滔滔双心河》、《结局》、《风，刮了三天三晚》等文学价值不高的庸俗小说。

1920 年 1 月，多伦多的一位商店经理邀请海明威到他家中做家庭教师，辅导一个瘸腿的孩子读书。这家的主人和《多伦多之星周刊》的主编克兰斯顿等人关系非常好，在他的引荐下，海明威被安排在周末娱乐版写一些通俗人情味的小说，每篇稿酬最高 10 美元。到夏天海明威返回家乡时，他一共发表了 11 篇小说。10 月，海明威独自搬到芝加哥居住，到次年去欧洲大陆为《每日星报》当记者时为止，他又在《多伦多之星周刊》上发表了 22 个短篇小说。其中，较为成熟的作品有《大二心河》、《野蛮的西部也来到了芝加哥》等。

尽管经历过战场上的残酷，但海明威依旧狂热的追求各种强烈的刺激。熟悉他的朋友曾说过："为了好奇兴奋，海明威是无事不可为。在吃的方面，他也是为了尝尝味道，什么都可以吃，他吃过鼻涕虫、蚯蚓、蜥蜴，以及世界各处野蛮部落的奇珍异馔。"有一次，海明威为了显示他的勇敢和脚板厚实，故意从一些碎玻璃上走过，结果脚上被割破了好几个口子，但他依然若无其事，并且下次再遇到这样刺激的事物，他依旧会第一个冲上去的。

海明威个性狂放，不是一个循规蹈矩的青年，在别人眼里，他就是个浪荡的公子哥。正是因为这一点，父亲对他颇有意见，尤其是母亲，她认为儿子除了写作以外别无雄心，而且懒惰、贪图享受，极为乐意接受家庭的供养。因此，对于海明威的种种表现，他们开始不满，厌烦情绪与日俱增，终于因为一件小事，他和父母的关系破裂了。

有一天晚上，海明威的妹妹和邻居家的女孩共同策划了一次在湖边树林里的午夜餐会，邀请海明威和另一位男孩参加，他们假装睡着骗过家人后，半夜爬起来跑到沙地高坡处狂欢，两个男孩还抱着女孩子在角落里亲吻，这在当时看来是一件无法原谅的事情。第二天，女孩的母亲就跑到海明威家里大闹，痛骂他勾引女孩子，组织了这样放荡下流的半夜聚会。

经过这件事之后，早已对儿子心怀不满的母亲对海明威下了最后通牒：如果他还不醒悟，继续过好吃懒做、依靠他人为生、挥霍浪费、勾引容易上当的姑娘的浪荡生活，那么他将一事无成，她也会对他失去关爱和耐心。最后，她决定只有海明威学好了，才能回到家里，否则家里将不能再容下他了。

面对母亲的谴责，海明威不能像面对炮弹和子弹一样勇敢地应对，他收拾好行囊，带上他那台老掉牙的打字机，离开了父母，离开了朋友，离开了家乡，走向外面的世界。尽管不知道自己未来的路在何方，但他还是坚信自己能够创出一片宽阔的天地。

成为作家

从家里出来后，海明威就寄居在一个朋友家里，整天无事可做，日子过得很枯燥。不久，他在《全国互助合作》月刊找到了一份当编辑的工作，周薪四五十美元，并和朋友们一起合租了一套公寓房子。

1921年9月3日，海明威和比自己大8岁的哈德莉结婚。通过朋友的介绍，海明威认识了从巴黎回来的著名作家安德森，他很赏识海明威的文学才华，并劝说他去巴黎寻求文学事业的发展。在去巴黎之前，他又接到了《每日星报》的邀请，成为其常驻欧洲的记者。

12月，海明威和妻子一起到达巴黎，即便刚开始居住的环境十分简陋，但他还是为自己到了欧洲文化艺术的中心兴奋不已，长时间把自己关在房间里进行写作，并对自己的创作才华和文学前途充满了自信，认为自己很快就能进入一个辉煌的时代。

由于安德森的引荐，海明威在巴黎认识了许多重要的、很有影响的朋友。其中，两个重要的人物埃兹拉·庞德和格特鲁德·斯泰因对他文学事业的发展有着重要的影响。

正当他沉迷于写作和无休止地采访欧洲各国时，妻子哈德莉怀孕了，为了让孩子健康地出生，海明威和妻子一起回到了医疗水准更好的多伦多。为了挑起家庭的重担，他又在《每日星报》找到了一份固定的工作。

由于海明威出色的才华和成就，引起了助理主编哈里·欣德马什的嫉妒，招来了他的迫害。为此，海明威十分恼火，非常讨厌在他手下工作。因此，他开始怀念在巴黎的生活，渴望回到那个充满友谊、刺激和成功感的文学圈子中。他认为只有马上摆脱多伦多和《每日星报》，摆脱那个该死的欣德马什，他在文学上才会有出路，否则自己的灵魂和创作灵感将会迅速枯竭，自己的文学生命也将就此终结。于是，他决定离开《每日星报》，毅然辞去了周薪 125 美元的工作，于 1924 年 1 月再次来到巴黎。

这次回到巴黎，海明威成为了专业作家，以写作为生。在庞德的介绍下，他还协助马多克斯·福特主编了《泛大西洋评论》。福特是法国的一位老作家，在文学界有许多朋友，并在小说创作和编辑工作上取得了一定成就。他对海明威有很高的评价，曾说过："当今美国最优秀的作家，最严肃认真的，写作技巧最娴熟、最精湛的是厄内斯特·海明威。"并在后来的《永别了，武器》的序言中，把海明威与康拉德、W. 赫德森相提并论，认为他是"我 50 多年来所读过的作品中三名无懈可击的英文散文作家之一"。

由于海明威要负责全家人的生活，再加上没有固定的收入，他在经济上比较困难，但他坚决抵制了金钱的诱惑，努力维护了创作的严肃性和艺术上独特的追求。在他看来，文学创作是一项需要终生不断追求的事业，如同文坛上竞争激烈的职业拳击赛，不仅要和同时代的文人竞争，还要与前辈大师们比赛。

为了使自己在文坛上的拳击赛中脱颖而出，立于不败之地，海明威仔细地研究并学习了古人以及同时代取得卓越成就的作家，如列夫·托尔斯泰、伊凡·屠格涅夫、斯蒂芬·克莱思、康拉德、马克·吐温、乔伊斯、庞德等的作品。在他的心目中，托尔斯泰是文坛上最杰出的英雄，在许多文章中，海明威都高度赞扬了他不朽的艺术成就，并把他视为评判作品优劣的艺术标准。

像世界文学史上大多数著名作家一样，海明威并非在创作之初就得到认可，杂志编辑和出版商们对他的作品并没有多大的兴趣。直到 1923 年底，他创作的《我的老人》被爱德华·奥布赖恩选为《1923 年最佳短篇小说集》中，并在同年 8 月，他出版了自己的第一个小册子《三篇小说与十首诗》，标志着他在文坛上有了一席之地。

在海明威返回巴黎成为专业作家的前半年里，他就完成了 9 篇小说的创作，并与其早期作品一起收录到《在我们的时代里》一书中，于 1925年 10 月出版，成为海明威第一本获得稿酬的书。从此，在文坛上，海明威的创作才华就像火山集聚地浆和溶岩最终猛烈地喷发出来一样，震撼了整个世界。

正当海明威在文坛上不断突进的时候，他与妻子的关系开始恶化。海明威是一个不断追求新感觉和新刺激的人,用熟悉他的作家的话说就是"海明威每写一部成名的著作就需要一个新的女人。在创作《太阳照常升起》时,他有一个。接着他有爱上了波琳,于是就有了《永别了,武器》这部巨著"。1927 年 1 月,他和哈德莉离婚。5 月,他又和波琳结婚。

1926 年 10 月,《太阳照常升起》一出版,就赢得了广泛的赞扬,从而奠定了海明威作为世界文学家的声誉。接着,他又创作了短篇小说《没有女人的男人》,与他早期在杂志上发表的短篇作品收集成册,于 1927 年 10 月出版。这部集子又一次获得了成功,评论家们给予了很高的评价,有人甚至认为这些小说比《太阳照样升起》更有价值、更动人。

1927 年下半年,妻子波琳怀孕,出于与哈德莉同样的考虑,海明威和妻子决定回美国生孩子。第二年 4 月,他们回到了美国,并在基韦斯特岛定居。在这里的 10 多年间,海明威创作了大量的作品:《永别了,武器》、《午后之死》、《胜者无所得》、《非洲的青山》、《有的和没有的》、《弗朗西斯·麦康伯》、《乞力马扎罗的雪》、《第五纵队》、《西班牙的土地》以及《丧钟为谁而鸣》的开头部分等。

其中,1929 年 9 月出版的《永别了,武器》,引起了整个文学界的轰动,小说持续畅销,评论家们高唱赞歌,认为海明威的创作已经成熟并达到了新的高度。

硬汉的回归

1940 年，海明威最终和波琳分手，又有了一位年轻的妻子马莎，于是就有才华横溢的佳作《丧钟为谁而鸣》诞生。小说出版后，立即获得了巨大的成功：一方面销售量达到50 万册之巨，另一方面在评论界，大多批评家都开始热情地推出此书。

自从发表了《丧钟为谁而鸣》之后，在接下来足足10 年之久，海明威都没有发表什么有影响的作品。《丧钟为谁而鸣》给他带来巨大的荣誉，同时也给他带来了沉重的包袱，使他不敢轻易提笔，害怕损害了自己"文学英雄"的形象，而读者和整个文坛又对他抱有极高的期望。这一切都让他感到十分压抑，懊丧、孤独和痛苦的情感，就像魔鬼一样侵蚀着硬汉子的身心。或许是第二次世界大战的爆发，破坏了他的创作计划，除了钓鱼、打猎等参与户外运动外，他就是像年轻时那样充满热情的奔向战场，在战场中显示自己的价值。

二战结束后，为了重新在文坛上展示自己的威风，海明威又提起笔，开始了长篇小说的创作。然而，沉默10 年之后，他发表的第一部作品《过河入林》，遭到了评论界几乎是毁灭性的抨击。对于评论界来说，他们一直期待着海明威伟大作品的问世，结果却让他们失望了。

事实上，海明威从一开始创作文学，就对评论界没有太多的好感。在他看来，赞颂的评论没有什么意义，而攻击性的批评会让他感觉受到了伤害，并且怒火中烧。评论界对《过河入林》的指责，着实激怒了海明威，以至于他和许多朋友翻了脸。

不久，海明威出版了小说《老人与海》。作品完全摒弃了女人，塑造了一个顽强不屈的老渔民与与大马林鱼之间壮丽的搏斗，主人公高尚的生活理想和令人啼笑皆非的结局反应了人类生存的实际状况。小说出版后，立即受到了人们的热烈欢迎。

在评论界，从前对他的批评一扫而光，评论家们开始热情地赞美《老人与海》，称这部小说是海明威从未写出过的最佳小说，是经典著作。总之，《老人与海》使评论界和广大读者相信，他的创作艺术是绝对无与伦比的，毫无疑问是当时美国小说的最伟大的名匠。

1952 年 5 月，海明威的《老人与海》获得了普利策奖。凭借着这部小说，海明威恢复了在文坛上的光荣，恢复了他文学英雄的形象。同时，也使得他对自己的体能、运动技巧和狩猎本领有了充分的自信。

第二年 6 月，海明威和家人一起乘船从纽约出发，开始了欧洲之旅，他渴望在狩猎中找回曾经威风凛凛的感觉，但这次狩猎并没有获得什么值得夸耀的东西，而海明威夫妇连续两天经历飞机失事的灾难性事件，成为这次非洲之旅最有新闻意义的事件。当各大报社向世界悲哀地宣布他死于空难的消息时，海明威忍受巨大的伤痛，以坚强的意志和勇气再一次乘飞机出现在内罗毕机场。这一举动使海明威成为更加传奇和具有神话般的魅力的人物，也极大地巩固了他那坚不可摧、永远不死的硬汉子形象。

结束非洲之旅后，海明威于 1954 年 1 月 28 日荣获诺贝尔文学奖，获奖原因是"因为他精通于叙事艺术，突出地表现在他的近著《老人与海》中，同时也由于他在当代风格中所发挥的影响"。对于这一赞誉，海明威是当之无愧的。

海明威生命中的最后的 8 年，是一个身心崩溃的过程。早在 1954 年时，海明威就因为无数次意外的事故和疾病，身体状况每况愈下：体重下降、皮肤病、酒精中毒、视力衰退、糖尿病、可疑的血色素沉着病等，多得让人吃惊的疾病像魔鬼一样地缠绕着他，摧毁了他坚强的体魄，也摧垮了他生存的意志。

1960 年初，海明威就因为实在忍受不了疾病的折磨，飞往明尼苏达的罗切斯特，到梅奥诊所的圣玛丽医院接受治疗。然而，痛苦的电震疗法和心理治疗，不仅没有治愈他身体上的疾病，他心理上的疾病也丝毫不见好转。因此，海明威的第三任妻子马莎表达了亲朋好友们的一致看法："梅奥在海明威治疗上犯了极大的错误。"

在人生的最后几年里，海明威不断地忍受着常人难以忍受的巨大痛苦，他身体虚弱，满脸病容，充满了可怕的幻想和恐惧。1960 年 6 月，他悲哀地感慨："一个人所关心的是什么呢，维持健康，好好工作，同朋友们共吃同饮，在床上过得愉快，这些我都没有。"作为一个硬汉子，海明威有自己的生活准则，也就是骄傲、独立、强有力地生活着。在小说《老人与海》中，他也表达了同样的生活信念"一个人能够被毁灭，但决不能被打败"。

尽管他几乎拥有了男人所具有的一切：荣誉、财富，女人，但此时的海明威失去了高大强壮的身体，无与伦比的运动能力、文思泉涌的创作才华。对于海明威来说，他所需要的是尊严、光荣、强健有力地活着，决不能在别人面前失去"硬汉子"形象，不能容忍自己的软弱无力，更不能容忍别人的同情、怜悯和救护，这样的信念注定了他生命的结局。

1961年7月2日，海明威像往常一样早早地就起床了，他从地下室里拿出那支英国制造的博斯猎枪和一箱子弹，然后回到客厅里，无比冷静地把两颗子弹推进弹舱，把枪管含在嘴里，用他那写下了大量不朽巨作的手，在人生中最后一次扳动了猎枪。

这一枪声极大的震撼了整个世界，世界各地的文学界、新闻界，以及世界各个角落的读者对这位文坛巨匠都表达了最真诚的哀悼。这一枪声不仅结束了他的生命，也结束了美国文学史上的海明威时代，为其神话般的人生写下了最壮丽的一笔。

六、 歌德

歌德（1749—1832），德国及欧洲最重要的剧作家、诗人和思想家。在诗歌、戏剧、散文等方面都取得了卓越的成就。一生经历了18世纪和19世纪两个世纪，适逢欧洲社会大动荡、大变革的年代，封建制度趋于没落，革命力量不断高涨，促使其不断接受进步思想的影响，进而加深了对社会的认识，创作出了符合时代的优秀文艺作品。

主要作品：剧本《葛兹·冯·伯里欣根》、中篇小说《少年维特之烦恼》、未完成的诗剧《普罗米修斯》、诗剧《浮士德》的雏形《原〈浮士德〉》。

在莱比锡求学

　　1949 年，歌德出生于莱因河畔的名城法兰克福市。小歌德属于当地的特权家族，祖先是图宾根的手工业者，父亲约翰·卡斯帕尔·歌德曾当过律师，在帝国政府、雷根斯堡议会及维也纳帝国枢密院任过职，回到故乡法兰克福后，与颇有名望的市长的女儿卡塔琳娜·伊丽莎白·特克斯托尔结婚，并担任了皇家顾问。

　　小歌德是在一个叫做"牡鹿沟"街的一所旧房子里长大，二楼的"花园室"是他最喜欢呆的屋子，在这里他常常眺望远方，浮想联翩。他的教育主要由父亲来负责，只有书法、图画、音乐等少数课程请过教师。可以说，知识渊博的父亲是个称职的教师，他在当时德国一流的科堡高级中学打下的语文和其他课目基础相当扎实。

　　尽管歌德天资非凡，但父亲仍然教导儿子要勤勉、坚忍和反复练习。就这样，歌德很快学会了读和写，通晓了父亲和其他教师所授的功课，对韵文和诗歌的兴趣也由于读了当代德国诗人的著作而加强起来。

　　在歌德学习初期，父亲就从他那超人的天资和早熟的智慧中看到天才的灵光，迫不及待地期待着儿子进入大学，所以，他决定把儿子送进莱比锡大学攻读法律，但歌德的兴趣并不在此，他更喜欢语言学、历史学和美术，渴望进入新创办的歌廷根大学读书。但最终拗不过父亲，只得在 1765 年 10 月，和书商弗莱舍尔一起前往莱比锡城求学，到 1768 年 8 月为止，他一共在莱比锡城呆了 3 年。

　　到莱比锡城后，歌德摆脱了家庭的约束感到轻松和自由，他不仅在生活上，而且也在精神上追求个性化的表现。在别人眼里，他就像一个纨绔子弟，身穿奇装异服、自信而傲慢、谈吐机智泼辣、似乎对任何事物都感兴趣或怀着不满，常常进出入当地上流社会的沙龙。

然而不久，歌德就意识到自己改换装束，改变自己的南德方言，进入这里的上流社会，并不能满足自己期待已久的学问和才能的进步，大学的课程是相当单调乏味的。比如，教授所讲授的法律学，歌德早已从父亲那里学到过。刚进入大学的新鲜感很快就消失了，不久歌德找到了新的学习和进修方法——广泛接触莱比锡的科学和艺术界人士。

在大学里读书，并没有使歌德感到满足，幸运的是，他结识了几个志同道合的朋友。除了后来成为歌德妹夫的施洛塞尔，故乡的朋友霍恩也在1766年来到了莱比锡。

相对而言，宫廷教师伯里施对歌德的影响较大，他略早来到莱比锡，是当时最优秀的知识分子之一。在格勒特的介绍下，他给一个伯爵的儿子当私人教师。伯里施精通现代语言和各国文学，具有相当的艺术趣味，常常以嘻笑怒骂的方式评论当代作品，因此，歌德对他的信仰很失望。然而，他对歌德的才华却十分赏识，常常以他的高超的书法抄写歌德的诗作。

这些趣味相投的朋友们经常一起讨论、辩难，对现实、艺术的批判怀疑态度，促使歌德进一步寻求真理，探索创作诗歌新的表现手法，追求理想的人格。

不久，著名作家克罗迪乌斯教授的创作的戏剧《梅顿》在剧院上演。歌德他们觉得主角的一本正经以及善良很可笑，并且剧作家的创作实践与批评主张之间的相互矛盾也令人感到不舒服。于是，歌德就和朋友们共同发表了一首模仿克罗迪乌斯的打油诗《致面包师汉德尔》，结果引起了一场轩然大波。

在莱比锡的名流们看来，歌德这帮人所为正是向他们挑起了进攻，并且平日里这些人放浪、自负、目无尊长，于是他们迁怒于伯里施，强迫他离开莱比锡。幸好，还有一些社会名流赏识并尊敬他的学识和才能，在他们的引荐下，伯里施又被一位公爵聘为家庭教师。

伯里施比歌德大10岁，他曾经尽力教给歌德待人接物的方法，提醒他不要刚愎自用，一定要严于律己。现在，歌德失去了伯里施这样的朋友，生活一下子陷入了混乱，再次处于放任的境地。不过，歌德还认识了莱比锡画院院长奥塞尔，使得他又有了新的归宿。

从另一种意义上来说，奥塞尔也深刻的影响了在莱比锡时的歌德。他是一个温文尔雅，长着一副优雅的、女性般的脸庞的人，歌德对他印象很好。从他那里，歌德学会了铜版画和木刻，他总是微笑着注视歌德从画转向诗歌，并指导歌德研究温克尔曼的思想，培养他对古希腊和罗马艺术的兴趣，这在歌德的内心深处埋下创造完美艺术的种子。

此外，1766年莱辛发表的《拉奥孔》对歌德也产生了深远的影响，也正是对莱辛作品的学习使歌德产生了实地观摩艺术作品的热情。1768年，歌德独自前往大城市德累斯顿，住在一个鞋匠家里，每天在画廊的艺术珍品面前流连往返，意大利画派和荷兰画派的作品深深吸引了他。回到莱比锡，歌德穿过大街小巷，到戏院看戏，观摩美术，他早就发现，各地的大学各有特色并与当地风俗密切相关。在莱比锡，没有耶拿和哈雷两地重视体力、娴习剑术的粗犷之风，相反却体现了法国式的殷勤礼让和重视仪容的文化。

后来，歌德爱上了和朋友们经常聚会的饭店老板的女儿小安妮特，经过短暂的恋爱后，最后因为柔顺和纯洁的小安妮特无法忍受歌德的任性专恣，导致两个人的爱情失败。事后，歌德一再挽回，也未能如愿。与安妮特分手后两个月，歌德就病倒了，一连好几个星期卧床不起，直到半年后才度过危险期。1768年9月，歌德拖着一身病体回到了故乡法兰克福。

狂飙运动的主将

　　1769 年歌德在家养病，度过了人生中最暗淡、不幸的一年。当第二年春天到来时，他基本上恢复了健康，心灵的创伤也治愈了，青春的朝气蓬勃重新回到了他身上。于是，他渴望再次离开家乡，3 月底，他乘上了豪华的驿车，头也不回地离开法兰克福来到了法国施特拉斯堡，继续求学。

　　在施特拉斯堡，歌德结识了深受卢梭浪漫主义思想影响的赫尔德，在他的指引下，歌德学习了新的美学和伦理，学习了语言和诗歌的起源，并进一步认识了荷马和莎士比亚，感到自己眼界大开，并在文学上开了窍，从此，进入了一个被诗人克林格尔称为"狂飚突进"的时代。在新的美学原则的感应下，歌德写出了真正属于自己的抒情诗《赛逊海姆组歌》，得到了赫尔德的大加赞赏，称其为天才的伟大的创造性突破。

　　1771 年 8 月，歌德的论文《论立法者》通过了答辩，并获得了法学博士学位，圆了自己的梦想。大学时代结束后，他于 8 月底，从施特拉斯堡返回了家乡。

　　回到故乡后，22 岁的歌德被委任为陪审法庭的律师，虽然他不是很乐意，但却使父亲很满意。作为一名律师，歌德更热衷于从事文学创作，而对于法律事务，他只是心不在焉地去应付。此时的歌德，正如暴风雨来临之前的海燕，渴望在精神的风雨中奋力搏击，使自己在文坛上大显身手。

　　为了凝聚改造社会和思想的力量，歌德一回到法兰克福，就与那些分居在各地的战友取得了联系，并认识了许多追随者。包括赫尔德在内，他们共同鞭策和鼓励，成为"狂飚突进"运动的主流，《法兰克福学报》和《文艺年刊》成为他们发表作品的阵地和团结的纽带。

　　这样一来，歌德心中尚未清晰的奋斗目标的轮廓逐渐明朗化了。他们要做的是，把德意志民族从几世纪以来的思想禁锢和文化枷锁中解放出来。

1771 年，歌德在法兰克福作了《在莎士比亚节的讲演》后，着手准备创作一部戏剧《欣手骑士葛兹·冯·伯利欣根》。葛兹是 16 世纪德国的一名骑士，曾经参加过农民起义，最后却背叛了农民。根据这一历史素材，歌德将葛兹写成一个对诸侯作战、反封建、争自由的英雄。这部作品于1773 年出版，为他赢得了巨大的声誉。

作者把 16 世纪的农民起义视为早期资产阶级革命的延续，认为其根本问题还是废除封建制度的问题。为了成功地塑造这个的叛逆的民族英雄，歌德综合运用古代文献、个人体验和莎士比亚式借古喻今的手法，常常在他那贵族的外表下隐藏着十足的"狂飚精神"——对天才人物的赞美和对个性解放或人类解放的向往。在艺术上，歌德摒弃了古典主义戏剧的"三一律"，作品中人物众多，场面不断变换，并且用口语化和个性化的语言取代了苦涩的文风，使文学获得了新的表现生命。

这部作品一面世，立即轰动了整个德国，成为文坛上的一件大事，并引起广泛而巨大的反响。魏兰特说它是一个"美丽的怪物"，进而又指出"如果我们有更多这样的怪物就好了。"从这部作品中，青年人好像看到了一面狂飚突进的大旗，指引着他们前进；老年人则不满其中对暴力统治的赞扬；批评家们热火朝天地进行讨论；而默尔克则在赞赏之后，极力劝说歌德自费出版以获得丰厚利润，结果因为盗版书横行，他差点把本钱赔光。

1772 年，歌德获得了进入韦茨拉尔德意志帝国最高法院深造的机会。韦茨拉尔和法兰克福一样，也是帝国的一个直辖市。在韦茨拉尔城墙后面有一家饭店，经常会有德国诸侯的外交使节在这里聚会。在这里，歌德仿佛回到了大学生活。在一次舞会上，歌德认识了一个朋友的未婚妻绿蒂·布弗，并很快为她的美貌和健全的性格所迷恋。他大胆地追求她，但绿蒂却理智并委婉的拒绝了歌德的这份爱。

根据在韦茨拉尔的这段经历和体验，歌德创作了一部书信体小说《少年维特之烦恼》，成为狂飚突进运动最大的成果之一。与《葛兹》借古讽今的写作风格不同，《少年维特之烦恼》直接描写了当代人的生活，体现了狂飚突进运动的理想，呼出了一代青年反封建的心声。

这部小说处处都表现出了狂飚突进运动的精神，不仅在德国，而且在整个欧洲都产生了巨大的影响。在此期间，歌德对来自敌对阵营的批评进行了回击，写下了《布雷依长老》、《破落村庄的年市节》、《小丑的婚礼》等笑剧和讽刺作品，否定了旧的道德理想。而悲剧《克拉维果》反映了歌德内心两种倾向的斗争，间接透露了他爱情生活中的纠纷和痛苦。

1774 年 7 月，歌德与虔信派朋友、人相学家拉特瓦尔及巴泽多从埃姆斯河前往半河和莱茵河游览，并于年底到达母斯塔得。在那里，他认识了一个年轻的贵妇人、"神林社"成员、施托尔堡伯爵的妹妹奥古斯特，并与之建立了牢固的通信联系，把她视为知己，从不对她隐瞒任何事情。歌德既以干出不凡业绩自欺，内心遭受的折磨又使他往往在女人身上寻求一种情感的力量。

紧接着，他又陷入了深深的危机之中，无法实现庞大的创作计划，而自己只能写出一些小玩意儿，比如《浮士德》、《普罗米修斯》、《穆罕默德》等作品只是写了一些片断。甚至他写信时总是有遗漏的字母，用错的标点符号，他的身心似乎已经精疲力尽了。

在魏玛公国当官

有一天，歌德他认识了一个自称克涅别尔的魏玛宫庭的使者，而此时魏玛公爵刚好途经这里愿与他结识。于是，歌德在旅馆参见了这位 18 岁的年轻君主，相互之间留下了很好的印象。1775 年 11 月，歌德应魏玛公爵的邀请前往人生的又一站魏玛公国。

魏玛公国是德国许多封建小邦之一，人口不超过 10 万，首都居民也只有 6000 人。1775 年是年轻的魏玛公爵亲政的第一年。他初掌政权，准备雄心勃勃地干出一番大事业，尤其对于十分重视文学艺术。因此，小小的魏玛后来竟成为德国文化的中心。

歌德初来乍到，对这里的情况并非一无所知，他与年轻的君主情投意合，希望利用一切机会来影响他，通过他来实现自己的社会改革计划，使自己的才能变为社会现实。同时，公爵十分信任歌德，送给他郊外别墅，给他父母写信，甚至不顾教会僧侣的反对，邀请赫尔德担任魏玛教区的主教。不久，歌德的朋友伦茨和克林格尔也到了魏玛。

歌德以自己温文尔雅的举止和天才的魅力很快就打消了宫廷对他的敌意。尤其在君主母亲的眼中，他是一个出类拔萃的人物。她在富蒂尔特有一个文艺沙龙，其领袖人物是维兰特，在此之前，歌德曾因不满维兰特贬低莎士比亚和古希腊艺术，写诗讽刺了他，但这次歌德以"只为公仇，不涉私怨"的态度得到了他的谅解，并开始相互交流。维兰特十分欣赏歌德称，甚至在自己杂志上发表文章赞颂他。

1776 年 6 月，歌德以公爵私人顾问的身份正式参预国政，但在别人眼里，他不是随公爵出游，就是参加宫廷舞会，跟一个弄臣差不多，对他颇有意见。就连他远方的战友对此也是疑虑重重，认为他"狂飚突进"的旗帜陷入了封建主义营垒。但事实上，歌德文学运动的计划在有条不紊地进行着，他千方百计推荐自己的战友担任要职，并且他自己参与的国事也越来越多了。

1779 年，歌德被任命为军备和筑路大臣；1780 年，任枢密顾问；1782 年，任会计长官，并被提升为贵族。在此期间，歌德俨然成为一名勤勉而干练的行政大员。他整顿了濒临破产的伊尔梅瑙矿山，使之恢复生产；管理交通，修筑道路，并取得不少的成就；任军备大臣时，肩负招募和装备新兵的重任。此外，他还监督纺织品的生产，调查国内地质矿藏情况，组织木材贸易，改进消防制度。任命为会计长官时，他已经掌管了整个宫廷财政和国家预算。

与此同时，歌德生命中另一个对他创作、思想和情感发生深远影响的女人出现了，她就是宫廷女官夏绿蒂·冯·施太因夫人，直到 1786 年歌德出走意大利，她始终都陪伴着歌德。与歌德相识的其他女人不同，这位比自己年长的已婚女人，并没有让歌德成为某个人的要求，因而更能激发他

《歌德在军营中》 （德）蒂施拜因

的创作想象力。于是，歌德把自己的田园诗献给了她，并使她成为两个作品中女主人公的原型。

在魏玛公国的后期，歌德对君主的作为完全失望，他放弃了一切进谏的活动，尤其是当他劝阻公爵企图建立以普鲁士为首的小国同盟，反对奥地利、并步普鲁士国王腓特烈二世的后尘冒险备战失败以后。他只想独自安安静静地研究和思考问题，而不愿从事那些宫廷中毫无意义的事情。于是，他希望辞职，但公爵的挽留和加薪使议会议长歌德欲罢不能。

此后，歌德搬到位于弗劳恩普兰大街的寓所，这是他来魏玛公国的第八年。以前，他一直居住在城外的花园别墅，尽管他舍不得离开这个更靠近森林、河流和星星的灵魂归宿的地方，但已无可奈何，他将在此地度过整整半个世纪，直至去世。

对于这座豪华的新寓所，歌德更愿意把它作为通向科学和艺术的驿站，而不是把它视为上流社会生活的象征。很快，这里便成为了一个"博物馆"：从青年时代，歌德就搜集了有关人类知识、思想和艺术的物品，尤其是骨头、矿物和植物标本，琳琅满目地充满了府邸；在"狂飙"时代，他也曾艺术地发现大自然，而今成为他科学研究的对象。此时，已经集矿工、矿物学家、诗人、政治家于一身的歌德，又于1784年发现了人的颚间骨，并撰写了关于骨骼的论文，成为了人类学家。

不知不觉，歌德在魏玛公国已经10年了，他与冯·施太因夫人一直保持着亲密的关系。他的后墙紧挨着她家的花园，他们在一起几乎过着夫妇一般的生活。他像父亲一样关心着她的孩子们。但是，这样平静的幸福最后会是什么样呢？

渐渐地，歌德感到了生活的无聊，并非君主是暴君，或者压迫人民。而那些大臣们也都是有教养、彬彬有礼的人，但在歌德看来，无论是自己获得的地位或者是培养的情感，仿佛没有发生过，也好像一切都消散了。在面对自己停滞的文学创造力，歌德的内心仿佛听到了自由生活的呼唤声，于是他决定躲开情人，离开高官显位，离开魏玛公国。经过一番深思熟虑，歌德向公爵请了假。

1786年9月，歌德给公爵、施太因夫人，以及继任者各留下一封信，便离开了魏玛，搭乘邮车直奔意大利，奔向自由的生活方式。

时代的英雄

歌德以化名菲利普·默勒的身份进行了意大利之旅，于1788年6月再次回到了魏玛的弗劳恩普兰家里。经过与公爵协商，他将不再担任枢密院的工作，不再负责财务的管理，而成为国家科学和艺术部门的行政领导，担任了魏玛剧院、魏玛美术院和耶拿大学的总督。

在18世纪90年代，歌德经历了一个不同寻常的时代，法国大革命震撼了欧洲，各国的进步力量和守旧势力对垒十分鲜明。自从巴士底狱被攻陷以来，德国的进步知识分子备受鼓舞，热烈欢迎新时代的到来。

1794年，歌德在一次大自然协会上结识了席勒，他曾经接触过莎士比亚、卢梭及狂飙突进运动的文学。与席勒相识后，歌德开始了一个新的时代。这一时期，他主要以浮士德为题材进行创作，处理人物的基本思想仍然带有鲜明的"狂飙突进"的印记：自发地积极行动、不断进取、热爱生活的主人公。

除了进行创作之外，歌德也同席勒一起为推进戏剧事业而努力。事实上，席勒明显地比歌德更适合戏剧创作，他的激情、那些精心设计的情节、对强烈印象的追求，使剧本始终保持着其悲剧性的冲击力量，而歌德创作的剧本并不适合在剧院上演。然而，歌德对席勒也产生了重要的影响，在席勒许多剧作中，有些情节甚至是由歌德提供的。

19世纪初，歌德由于肉体和精神上的痛苦，相继辞去了公务，再次沉入科学研究之中，色彩学成为其研究的主要领域。同时，他依然关注文学和文化活动，但诗歌创作几乎停滞。1805年席勒逝世，给他带来了巨大的痛苦。从此，歌德的一个生活时代结束了，他失掉的不仅是一个朋友，而是自己生命的一半。

从1807年到1808年，歌德住在耶拿出版商弗洛曼家，在这里他认识了弗洛曼的养女敏娜·赫茨利普。于是，歌德创造了《十四行诗》，这组情诗融合了自然哲学和爱情语汇，并加入了个人感受，成为人类生活的写照，这一切都凭借着象征手法完成。尤其是在诗剧《潘多拉的归来》中，人物除了带有"狂飚突进"时期的内容，还具有 19 世纪资本主义精神，被分裂为两个互相对立的形象。因此，有评论家认为，这个时期歌德的时代经验被象征化，如同拿破仑的形象轮廓体现在剧中人物的形象中一样。

歌德与敏娜经历了一段短暂的爱情，不仅写了十四行诗和诗剧，还构思了一部长篇小说《亲和力》。这是一部关于爱情和婚姻制度的小说，由于浪漫派把人类的性爱神秘化和庸俗化，可以说，歌德是针对这一倾向而创作的。事实上，这是一部进行社会和文明批判的小说。

在歌德完成《亲和力》初稿的创作之后，获得了观察新时代的英雄人物的机会。随着时代的变迁，歌德曾和战友一起满怀信心的发起一场从精神上解放祖国的运动，甚至在与席勒合作时，也难以建立起一个民族文化的中心。如今，处在权力顶峰的拿破仑给他发来一封请帖，于是，两个不同领域的英雄会面了。

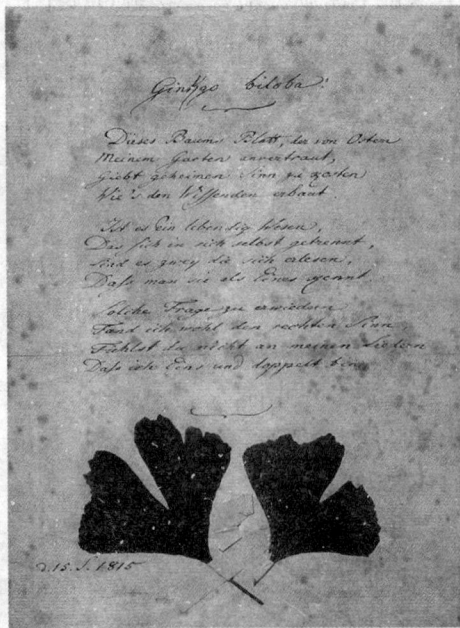

1815 年，歌德为银杏写的诗歌

在歌德看来，拿破仑不仅具有青年时代寻求统一国家的英雄人物的痕迹，而且也具有"狂飚突进"时期对自由的价值认同，更具有对隐含在"恶"形式中的历史意志的洞察。在拿破仑执政之初，歌德曾对他表示过怀疑，但当拿破仑获得巨大的成就后，歌德似乎忘掉了这场巨变的君主主义基础，也忘记了自己曾亲自参加过、旨在恢复波旁王朝的出征。

此后，拿破仑建议歌德写《凯撒之死》，把他塑造成一个最可尊敬、更具权威性的形象，并邀请歌德到巴黎去。自此，歌德就完全理解了这位创造历史的伟大人物对自己功利性的要求。但歌德既不能去巴黎，也无法作为其赫赫战功的点缀。他肯定的是拿破仑的理想价值，而不是对自己民族的征服。因此，当拿破仑给他设想一条新的生活之路时，歌德毫不犹豫地拒绝了。

歌德并不是受到拿破仑创造世界历史总有文人记录者相随的启发，也感到自己成为一个历史人物，需要对自己的人生进行一番考察和反省。在歌德的日记中，记录了他的自传的大纲，他试图通过不记载偶然事件而侧重于思想发展，写出个人同社会、时代的关系，"把人与其时代关系说明，指出整个情势阻挠他到什么程度，掖助他又到什么地步，他怎样从其中形成自己的世界观和人生观，以及作为艺术家、诗人或著作家又怎样再把他们反映出来。"

从1814年开始，歌德创作了《诗与真》的前三部，直到1831年才完成第四部的创作。作品中记叙了他从童年、莱比锡、施特拉斯堡直到魏玛之前的广阔生活，事实上，也可以把它看做是18世纪中叶德国社会生活史。此后，歌德的生活经历被分别记录在《意大利游记》、《出征法国记》、《1797年赴瑞士旅行》、《1814年与1815年在莱茵河、美因河内卡河畔》等著作中。

1831年12月1日，歌德写信给老朋友说：

……

我甘愿承认，由于我的高龄，一切事物对我来说将愈益成为历史的，无论在过去发生于遥远国土上的事情，还是就在我近旁当前发生的事情，完全是一回事，而且在我看来，连我自己也愈益成为历史的了。

事实正是如此，任何人，不止是歌德，甚至包括创造历史的英雄如拿破仑，都表现了作为历史的一面。

拉上生命的大幕

　　1814 年 7 月 26 日，歌德乘坐着马车离开了魏玛城，65 岁的他又开始了新的、给他带来创作丰收的莱茵之旅。事实上，歌德一生都在不断地出游，从原居地到另一新环境的转换总是代表着一个新的活动阶段的开始。

　　歌德回到了故乡法兰克福，亲眼目睹了故居的沧桑，感到了时间的距离无法缩短了。一天之后，他在威斯马登会见了好友、音乐家采尔特。不久，昔日的老朋友、枢密顾问维利美尔也来了，他与歌德已相识 30 年，并邀请歌德到他附近的领地赫尔贝缪尔去做客。于是，歌德就来到了赫尔贝缪尔。

　　在那里，歌德认识了 30 岁的演员玛丽安娜，她目前是维利美尔的情人。一见到她，歌德就感觉自己变得年轻了，并为其写下了情诗。由于歌德的出现，让维利美尔感到了危机，于是马上让玛丽安娜成为自己合法的妻子。事实上，歌德虽然喜欢玛丽安娜，但他从未想过会破坏朋友的幸福。

　　当歌德再次返回魏玛和耶拿时，朋友们对他的变化感到吃惊，他精神焕发、态度温和、充满了激情，沉醉在阿拉伯的幻想之中，尽管多少年以来破天荒地参加新年舞会，但又好像已完全忘记了自己所处的时代。

　　第二年，歌德再次坐车来到莱茵河出游。在旅途中，他写了两首诗《苏来卡对优素福那样喜爱》、《既然苏来卡是你的芳名》，开始了代表歌德的哈提姆和代表玛丽安娜的苏来卡之间的爱情对话。歌德再次前往赫尔贝缪尔，与玛丽安娜一起度过了幸福的一段时间。从她身上，歌德感受到了艺术和欲望的奇怪结合，不仅激发了她的爱情，也唤醒了她的诗情。于是，他们用诗歌来进行愉快的交流。

　　然而，离别使歌德感到很痛苦，不过，他把痛苦转化成了抒情诗的创作《西东诗集》，其结构被人比作但丁的《神曲》，是一颗歌德诗歌史上闪耀着奇光异彩的璀璨明珠。说实话，歌德能创作出这么杰出的作品，真的要感谢玛丽安娜。

1815 年 10 月，歌德结束了创作丰收的莱茵之旅，回到了魏玛的家里。妻子和孩子都在欢迎他。儿子奥古斯特已经 24 岁，曾在海德堡读书，当他想手执武器加入解放祖国的战斗时，却被年老的父亲所阻挠，结果受到凯旋归来的伙伴的耻笑。一次英勇的决斗也因为父亲的原因被禁止，结果父亲的谨小慎微多少把他弄得有点"可怜兮兮的"，直到他 1830 年死时为止，始终都是一个不幸的人物。

第二年 5 月，歌德的妻子克里斯蒂安娜病逝。为了填补妻子去世后巨大府邸的空虚，歌德除了致力于创作《浮士德》第二部，并亲自给儿子挑选对象，他选中了北方一个没落贵族之家的女子奥蒂莉作为自己的儿媳妇，尽管他们的感情不算很融洽，但他们有好几个孩子，这让歌德感到很欣慰。所以，70 岁以后，歌德就更加依恋孩子，为他们写儿歌。和孙儿们在一起，歌德既像一个小孩子，又像一位圣人。

1817 年，歌德辞去了魏玛剧院主席的职务。早在两年前，魏玛公国成为大公国。歌德获得了大臣的官衔。由于赫尔德、席勒、维兰特等魏玛公国的名人都已不在人世了，歌德感到对于欧洲科学和艺术界的重大责任，便递上一份呈文要求加薪，并以自己巨大的荣誉为根据，要求把他的年薪提高到前所未有的 3000 塔列尔。

1821 年，歌德的长篇小说《威廉·迈斯特的漫游时代》第一部问世，由 1807 年以来写的若干中篇小说组成，第二部直到 1827 年才完成。尽管这部书是《学习时代》的续篇，但由于中间相距 30 多年，歌德的人生阅历、思想等各方面都有所变化，它已不再是威廉·迈斯特经历的简单继续。可以说，它是一部通过威廉来引申出作者的思想库，也是一部不靠外在情节和主题，而是依靠思想力量来统一的政治小说。

多年以来，歌德不仅在作品中，而且在生活中仍不断地追求创造性。说实话，被人看做是化石，尤其是把创造的心灵纳入世俗的规矩中是一件很痛苦的事情，天才的孤独感在其生命中一直纠缠着他，正如《温和的赠辞》所言：

我完全脱离了传统，

变得十分特殊；

　　然而事业毕竟伟大，

　　它引起一些痛苦。

　　如果我不是过于奇特，

　　甚至背离传统，

　　那作为土著，我认为

　　这是我的最大光荣。

　　1823 年厦天，歌德像往年一样到玛利耶巴德和卡尔斯巴德去会见冯·列维采夫夫人和她的女儿们。其实，早在歌德在快 60 岁时，他就向列维采夫夫人献过殷勤，现在却是 19 岁的"囡囡"引起了这位高龄老人的爱慕。歌德是一个不断追求青春、欢乐和魅力的人，而此时的冯·乌尔丽克正代表着这一切。她的卷发像克里斯蒂安娜或玛丽安娜，是褐色的，眼睛淡蓝色。地温柔、苗条，像一朵含苞待放的花蕾。歌德几乎每天都与她在一起散步。

　　不久，歌德就委托卡尔·奥古斯特大公向冯·列维采夫夫人说他要娶冯·乌尔丽克为妻，这一消息传到魏玛之后，儿子和儿媳都感到有些难堪，幸好冯·列维采夫夫人拒绝了歌德的请求，而冯·乌尔丽克则顺从母亲的意思，甚至做好了待婚的准备。这一切都让歌德对这里难舍难分。尽管他对儿子儿媳的回信中百般遮掩，但在回去的路上创作的《爱欲三部曲》中的《玛利耶巴德悲歌》却表露了他的心思。

　　10 月，歌德在家里接待了美丽的波兰钢琴家玛丽·希玛诺夫斯，她那优雅和富于幻想性的散发着淡淡哀愁的举止和演奏，引起了歌德的注意，平息了内心的激情。

　　此后，歌德就很少外出了，他一直居住在魏玛的公寓里，读书、会见客人、写作，过着有规律的生活。从 1825 年 2 月起，他就开始创作《浮士德》第二部，并把它称之为自己的"首要事务"。因为他已经意识到，自己的时代快要走到尽头了，席勒、赫尔德、克里斯蒂安娜……他们都已经离自己而去了。

　　到 1925 年 11 月，已经是歌德到达魏玛的第 50 个年头，有时他就会想，如果在生活和创作中不能体现出创造性，他活得是够老的了。1832 年 3 月 22 日，歌德走完了圆满的生命之路，一代天骄、千古风流人物静静地离开了人世。

七、 高尔基

高尔基（1868—1936），原名阿列克谢·马克西莫维奇·彼什科夫，前苏联无产阶级作家，社会主义现实主义文学的奠基人，列宁称他为"无产阶级艺术最杰出的代表"。

他出身贫穷，幼年丧父，11岁时为了生计在喀山四处奔波，当过装卸工、面包房工人。贫民窟和码头成为其"社会"大学的课堂，由于他与劳动人民生活在一起，亲身体会了资本主义残酷的剥削与压迫，对日后的文学创作和思想发展有着重要的影响。

高尔基24岁时发表了第一篇作品《马卡尔·楚德拉》，刊登在《高加索日报》上，第一次以马克西姆·高尔基署名。在俄语里，"高尔基"代表"痛苦"，"马克西姆"的意思是"最大的"。此后，他便以"最大的痛苦"作为笔名开始创作文学。

代表作品：《童年》、《在人间》、《我的大学》等。

童年时代与书结缘

马克西姆·高尔基的原名是阿列克赛·马克西莫维奇·彼什科夫，1868年3月28日，他诞生在俄国伏尔加河畔的下诺夫戈罗德城，也就是今天的高尔基市。

据亲眷们说，高尔基的父亲是一个聪明、能干、兽良、乐观的人。在自传体小说《童年》里，高尔基用了几页的篇幅来描写他。高尔基遗传了父亲的这些优良品性。出于对父亲的纪念，高尔基后来选择了父亲的名字马克西姆作为笔名。

高尔基的祖父是个沙皇军官，粗暴残忍。父亲马克西姆·萨瓦季耶维奇·彼什科夫不堪忍受，外出谋生。他来到下诺夫戈罗德城，在一家木器店里学木工。在那里，他结识了隔壁家的染坊老板卡希林的女儿瓦尔瓦拉，后来她成了高尔基的母亲。卡希林老头子贪婪残暴，一直顽固地要把女儿嫁给一个贵族，直到小外孙高尔基出世，才承认了这个女婿。

"高尔基"的俄文含义是"最大的痛苦"，这正是高尔基童年的真实概括。高尔基4岁的时候父亲去世，10岁的时候又失去了母亲，他的童年是在外祖父卡希林家度过的。

粗暴的外祖父常常毒打高尔基，两个舅舅也是极端自私自利的人，时常为了争夺家产而打架。只有外祖母阿库林娜·伊凡·诺芙娜，算是高尔基童年里最大的守护者。在《童年》里，高尔基把她描写成为一个雍容端庄的老妇人形象。这位老妇人常常给高尔基讲大量丰富、生动、优美的童话故事和民间歌谣。通过这些童话和民间歌谣，这位生性高贵的妇女把质朴的民间文学作品深深地渗入小高尔基的心中，培养了他对俄罗斯、对大自然的热爱与对正义事业与美好生活的憧憬。

高尔基在上小学的时候，外祖父开始破产了，高尔基每天得捡破烂换取生活费，因而受到了同学们的耻笑。他开始憎恨学校的各种规定，也不跟同学来往，但他的成绩很好。还有一次，他受到了学校的奖赏，得到了一些书，还有一张奖状。

不久，高尔基就辍学了。那是 1879 年，他 11 岁。没有人想到，这个还没有念完小学的孩子，在 10 多年后，会成为俄国、甚至是欧洲闻名的作家。

小高尔基先是被送到了一家鞋店做学徒，接着又被送到了一个建筑绘图师家中做学徒。他除了在店棚里劳动，还得干老板家里所有的家务活儿——打扫房间、洗刷皿、劈柴洗菜、带孩子……年幼的高尔基无法承受这样的重活儿，他只好逃到一艘船上做了洗碗工。

幸运的是，小高尔基在船上遇上了自己的"启蒙老师"——厨子史穆莱。这位曾经作过近卫军中士的史穆莱，有一个大皮箱，装着满满的书。尽管史穆莱文化水平不高，却酷爱书籍，他总是叫高尔基大声朗诵各种作品给他听。然而，正是这种酷爱深深地感染了高尔基，也唤起了高尔基对于读书的强烈兴趣。

1880 年秋天，小高尔基被船上解雇了，他只得回到绘图师家中。但是他也把读书的习惯带了回来。这一精神的享受却在肉体上给高尔基带来了许多的痛苦。工作量加大了，主人禁止高尔基看书。高尔基只能在一天繁重的工作结束后，偷偷地躲起来看书。

绘图师的母亲是个极其吝啬的家伙，她为了防止高尔基看书，数了家中所有的蜡烛头子，还丈量了长短，一旦发现蜡烛短少了，就揪住高尔基痛打一顿。

高尔基只能借铜锅反射的月光看书。有一次，他因为看书太专心，烧坏了炊具，招致这个女人的一顿毒打。高尔基被送到医院后，竟然从背上挑出了 42 根木刺！

这个出身贫寒的孩子忍受着无法想象的痛苦，遨游在书的世界里。当他拿到普希金的长诗时，"一口气就把它读完了，心里充满了如饥似渴的感觉，就像一个人在无意间来到一个以前没有见过的美丽地方，总想一下子把这整个地方都跑遍似的。也像一个人在沼泽地带的树林中，在那些长了青苔的土墩上走了很久，突然有一片干燥的，遍是鲜花和洒满了阳光的林边草地在他的眼前展开，他就会生出这样的心情"。高尔基还回忆道：

"普希金那些精彩的童话诗对我来说非常亲切易懂，我只要把它们读几遍就背下来了。我躺下来睡觉的时候，闭上眼睛，不出声地念那些诗，直到睡着为止。"

高尔基曾经讲过很多关于"书"的许多格言，例如："书籍是人类进步的阶梯"，"书籍是青年人不可分离的生活伴侣和导师"，"热爱书籍吧，书籍是知识的源泉，只有知识才能解救人类，只有知识才能使我们变成精神上坚强的、正直的、有理性的人，唯有这种人才能真正热爱人类、新生人的劳动，衷心地赞美人类永不停息的伟大劳动所创造的最美好的成果。"这些已经被千千万万的人所熟知，所传诵。

高尔基还曾经幽默地说过："假如有人向我建议：'你去学习吧！不过为了你去学习，每到星期天，我们要在尼古拉耶夫广场上用棍棒打你一顿！'就是这种条件，我也一定会接受的。"虽然这只是一句戏言，但是我们从这当中可以看见高尔基对书籍的痴迷与嗜好。

与书结缘，以书为友，高尔基对书执著的追求开始了。

喀山大学和流浪汉生活

16 岁的时候，高尔基萌发了上大学的念头。1884 年，高尔基辞别慈爱的外祖母，来到了喀山。然而，高尔基一到喀山就发现，这座富丽堂皇的喀山大学是不属于他这样贫寒的人的，他必须首先谋求生存。结果，他成为了喀山的一名流浪汉，从此便开始了社会——这所"大学"的生涯。

在那个时候，流浪汉们居住在城市公园里、河滨的洼地和裂缝里，在木筏上、桥洞下、码头上和市场的货摊上谋生活。冬天一到，他们就得挨饿受冻。更可怕的是警察们的绳索、手铐和监狱在等着他们。"身份不明的人"要被脱光衣服挨树条抽打和被罚做苦工，甚至要被戴上镣铐解往东西伯利亚去。

在他们当中，高尔基觉得自己就像一块生铁投进了烧红的炉火里一样，每天都给他的心上留下许多尖锐深刻的印象。他回忆说："我看见那些狂热露骨、生性粗野的人们，在我面前旋风般地转来转去。我喜欢他们对现实生活敢于憎恨，对世界的一切敢于嘲笑，对自己又满不在乎的乐观态度。"

由于偶然的机会，高尔基认识了小商人安德烈·捷林柯夫。他是一个食品杂货店的老板。在他的房间里，有一个秘密的贮藏室，里面藏有一些禁书。主要是革命民主主义者们，如车尔尼雪夫斯基、什勃罗留波夫和谢德林等人的政论著作。从这时起，科学家、思想家和革命家的著作，代替了高尔基过去读的那些冒险故事和小说。

每到晚上，许多大学生、中学生和一些秘密的革命者就会从喀山的各个角落来到捷林柯夫的杂货店来。他们分析当前的时局，慷慨激昂地相互争辩。在这里，高尔基接触到了另一个圈子的人，他们对生活的兴趣远远超过了对个人问题的关心，而且深信能够改变这种生活，他们说出了高尔基想说但未说出口的话，这让他感到欣喜万分。更令他兴奋的是，他已大概明白自己将来要从事什么样的事业了。

冬天要到了，高尔基在一家面包作坊里找到了一份固定的工作。老板是个冷酷无情的家伙，工作繁重，作坊像座监狱。高尔基偷偷地给工人读一些禁书。有时候他讲得很成功，工人们浮肿的脸上现出悲痛的表情，眼睛里冒着怨恨和愤怒的火花。高尔基开始用书籍来做"改变生活"的工作了。

不久，高尔基去了捷林柯夫开的面包店。他每天给机关和神学院的学生分送面包，同时把革命书籍藏在面包篮里送给他们。

1887年的秋天，19岁的高尔基处于一场精神危机当中。他不仅对许多人生问题都找不到答案，反而看到了理论书籍与实践的巨大差距。在大学生中，他是一个不能跟他们平起平坐的人，大学生把他看作是"人民的儿子"，他们把跟他的交往仅仅看作是"信任人民"这一口号的行动体现。在工人当中，因为他只是偶然接触一下，时间很短，所以也没有交到什么朋友。同时，他的工作十分繁重。他的朋友捷林柯夫的面包店即将破产。此时，他还听到了慈爱的外祖母阿库林娜逝世的消息。这些，都使高尔基感到孤单和痛苦。

这时，高尔基绝望了，他选择了一种可怕的逃避方式。在1887年12月12日，高尔基从市场上买了一支旧手枪，对着自己的胸膛开了一枪。子弹没有打中心脏，只打穿了肺叶，留在了背部的皮肤里。经过手术，高尔基被救活了，过了一个月就好了。

但是，从自杀这件事后，高尔基就十分自卑，觉得自己十分渺小，像是对人们犯了罪过，没有脸再活下去。这时，他遇到了一位民粹派革命家——罗马斯。

这位刚从流放地回来的高个子，对高尔基很是关心。他邀请高尔基到克拉斯诺维多沃村去，他在那开了个小杂货店，那其实是一个渔民互助组，为了在农民中进行革命宣传。

高尔基在这里接触到了社会另一个阶层——农民，他常常跟他们交谈。生活充实起来了，高尔基渐渐抛却了自杀给自己心理上带来的阴影。但这些愉快的日子不多久就结束了。因为村长和富农的敌视，罗马斯的小店被人放火烧毁了。

1888年秋天，高尔基只好离开了这个村子，从此也离开了喀山。

喀山，是高尔基在精神上获得生命的地方。多年以后，高尔基回忆说："喀山是我最喜爱的一所大学。"

离开喀山时，高尔基已经20岁了，长成了一个体格魁梧、身材高大的小伙子。他又开始了流浪的生活。他从喀山的克拉斯诺维多沃村出发，走到了阿斯特拉罕，在里海做了船夫和渔夫。后来到了察里津，在一个小火车站当了守夜人。

不久他又调到了博里索格列勃斯克的货车站去当看守员。

在这位年轻人幻想着做出某种惊人的业绩，幻想着欢快地生活时，他只不过过着看守着麻袋、防水布和木材的生活。在他读着海涅和莎士比亚的作品时，他周围的现实生活在静悄悄地腐烂着，理想和现实的距离使他痛苦。高尔基又重新陷入到彷徨和孤独当中。

高尔基诅咒着这一切，他开始幻想建立一个农业移民区。他认为，在那里，他可以同朋友们过独立的生活，自己耕地、播种，用自己的双手去收获庄稼。那里没有上司、没有老板、也没有屈辱的生活。他想到了托尔斯泰。托尔斯泰在那几年曾经鼓励建立农业移民区。于是，高尔基给托尔斯泰写了一封信，要求托尔斯泰分给他一块地。信里写道："……据说，您有许多没有耕种的土地，我们请求您把这样的土地给我们一块。"落款是："下诺夫戈罗德市民阿列克赛·马克西莫维克·彼什科夫代表大家谨上。"

接着，高尔基设计了经过图拉和莫斯科、最后到达雅斯纳雅波良纳和哈摩夫尼克的行程。他要到那里去面见托尔斯泰。

他把写着诗的笔记本和一篇他所认为"绝妙的散文长诗"——《老橡树之歌》，塞进了背包，离开了车站，带着希望步行了千里。可是，高尔基在两个目的地都没能见到托尔斯泰。列夫·托尔斯泰到特罗伊乐-谢尔基耶夫斯卡雅修道院去了。

这次经历后，高尔基回到了下诺夫戈罗德。这时，高尔基已经没有家了，他跟一位学生住在一起。学生叫索莫夫，是个革命者，当地的宪兵接到密令，要逮捕他。高尔基机智地帮他毁掉了重要的书籍和文件。但在回答宪兵的质问时，高尔基控制不住自己对这些人的厌恶，言辞态度都分外激烈。为此，他遭受了逮捕。虽然不久以后，因"罪证不足"把高尔基放出来了，但从此以后，他就被列为"危险分子"，时常处于当局的监视之下。生活，开始向高尔基展示了它狰狞的面目。

1891 年春天，高尔基离开了故乡，带着"人们终日所想的是什么"这样一个问题，开始了对几乎整个俄罗斯大地的漫游。这次漫游长达几千俄里，他沿着伏尔加河步行，乘船来到察里津，穿过顿河草原，走遍了乌克兰原野。他南下敖德萨，向多瑙河而去，直到罗马尼亚边境。秋天，他由比萨拉比亚折回，沿着黑海自西向东，经过克里米亚，最后在 1891 年 11 月到达了高加索的首府第弗里斯。

对高尔基来说，第弗里斯是个极有意义的值得纪念的地方。因为在这里，他开始了他的文学生涯。

后来，高尔基在《萨马拉报》找到一份工作，终于摆脱了困顿的生活，从此，走上了文学创作之路。《伊则吉尔老婆子》、《鹰之歌》、《有一次，在秋天》、《游街》、《筏上》、《我的旅伴》、《福马·高捷耶夫》等著名小说就是在这个时候创作出来的。

1897年，高尔基摆脱了紧张的报馆工作，开始了专职作家的生涯。真正给高尔基带来声誉的是他的《特写与短篇小说集》的出版。在这些小说里，他总是不遗余力地对庸俗、卑鄙的社会现象进行抨击，并且屡屡想方设法闯过检查官的钳制。高尔基对社会丑恶的大肆抨击引起了沙皇政府的恐慌。警察监视机关加紧了对作家的注意。

出于对自由、对光明的向往，高尔基很早就和革命者有了接触。1900年，列宁秘密创办了《火星报》。高尔基托人转交给《火星报》组织500卢布。从这以后，高尔基经常把自己辛勤创作得来的稿酬贡献到正义的事业中去。

1901年3月4日，在彼得堡喀山教堂广场上举行了大规模的示威游行，这是为反对《暂行条例》而举行的示威游行。政府对参加者进行了大屠杀。高尔基亲眼目睹了这场血腥镇压，他立即在一些作家和社会活动家联名写的《控诉政府抗议书》上签了名，并亲自写了一份《驳政府报道》的传单。

于是，1901年5月，高尔基再一次被捕入狱。70岁高龄的列夫·托尔斯泰和高尔基的妻子彼什科娃等人多方奔走，要求释放高尔基。这时，高尔基肺病又加重了，当局只好把高尔基释放出狱，在家软禁。

9日，沙皇政府宣布要将高尔基流放到阿尔扎马斯。这样，惊惶不安的沙皇政府没有经过审讯，就把这位全欧闻名的作家驱逐出他的家乡。但高尔基的病情严重恶化了，所以，警察当局又不得不允许高尔基去克里米亚养病。

下诺夫戈罗德的人们为高尔基组织了规模盛大的欢送会，这等于是一次在车站上举行的示威游行。散发的传单当中，有一篇高尔基的名篇，这就是《海燕之歌》。

在1901年4月，高尔基写了一篇《春天的旋律》，讲的是一群飞鸟在议论自由，而一只黄雀这时就向伙伴们唱起了这支《海燕之歌》。愚蠢的检查官把前半部分给卡掉了，却通过了《海燕之歌》。

1904年，爆发了日俄战争，俄国在战争中遭到惨败，显示了沙皇专制政府的无能和腐败。1905年1月9日，彼得堡的工人们怀着向沙皇寻求保护的愿望去冬宫游行，善良的工人们抬着沙皇的相片，举着教堂的旗帜，唱着祷告歌，带着请愿书向冬宫走去。

然而，沙皇派出了军队，枪杀了这些手无寸铁的工人。在这个"流血星期日"里，有1000多工人被击毙，2000多工人受伤。

这一天，高尔基就在流血事件发生的地方，他被大屠杀的场面所深深震惊，回到家后，立刻写了一份《告社会书》，上面写道："……我们再不应容忍这种社会制度了，我们号召俄国公民要同专制主义制度进行刻不容缓的、顽强的和同心协力的斗争。"

第二天晚上，高尔基在里加被捕了。这一次，他被押到了彼得罗巴甫洛夫斯克要塞，关进了特鲁别茨克棱堡的最高国事犯的单独禁闭室里。高尔基承认了自己是草拟传单的执笔者，并且一个人承担了这一责任。

高尔基的这一次被捕，轰动了全欧洲，因为高尔基这时已经成为一个全欧闻名的作家了，沙皇政府只好再次让步。高尔基获释了，不过仍被宪兵严加监视。

不久，高尔基加入了布尔什维克党。12月，布尔什维克党在莫斯科组织武装起义失败后，高尔基面临新的逮捕。在这种情况下，高尔基同意组织上的意见——到国外去。这样，他可以呼吁国际民主力量的支持，为俄国社会民主工党募集基金。

于是，1906年2月，高尔基第一次离开自己的祖国，到异国他乡去了。当时芬兰并归俄国，是俄国的一个省。高尔基就由这里出发，经过瑞典，先到了德国。接着，高尔基离开德国，经过瑞士和法国，最后到达了美国。在马克·吐温的帮助下，高尔基顺利进入了美国国境。

在纽约，以著名作家马克·吐温为首的一家作家俱乐部为他举行了盛宴。以民主自诩的美国最终没有容纳高尔基，半年的流亡之后，在1906年的秋天，高尔基夫妇离开了纽约这座被高尔基称作是"黄色魔鬼的城市"。1906年年底，高尔基由美国来到了意大利。

与列宁的友谊

高尔基说过："假如我不是一个俄国人，大概我宁愿做一个意大利人。"高尔基居住在意大利的喀普里岛上，完成了《母亲》的创作。除此之外，从1906年到1913年，还写完了长篇小说《童年》和《没用人的一生》、《忏悔》、《夏天》、《奥吉洛夫镇》等6部中篇小说，《最后一代》、《怪人》、《瓦萨·日列兹诺娃》、《伪金币》、《崔可夫一家》等5个剧本、3个短篇小说和若干特写、论文。可以说，在喀普里岛上，高尔基的创作获得了丰收。

而此时，高尔基获得的是思想的丰收，这一丰收来自于高尔基与一位伟人——列宁的友谊。

1905年的6月，高尔基和列宁开始了通信，这是他们友谊的开始。那一年的11月，高尔基在彼得堡党中央的会议上首次见到了列宁。但由于高尔基当时发着高烧，所以没有跟列宁过多地交谈。

1907年4月，正在意大利的高尔基接到俄国民主工党中央委员会的邀请，作为有发言权的代表出席了在伦敦召开的第二次党的代表大会。这是高尔基与列宁的第二次交往。这一次交往给高尔基留下了深刻的印象。

在后来的回忆录《列宁》里，高尔基描写了列宁在会议期间给他的印象："列宁一只手摸着那苏格拉底式的前额，另一只手握着我的手，亲切地闪动着那一双灵活的惊人的眼睛，立即就谈到《母亲》这本书的缺点。"

高尔基还说了他对列宁的主要印象："这个人一切都太朴素了，在他身上感觉不到丝毫'领袖'的气派。"

党代会成为高尔基和列宁亲密交往的开始，从此，他们建立了更友好的通讯联系。列宁总是密切关注着高尔基的创作，当《母亲》发表后，他欣喜地称它为"一本非常及时的书"。

但是渐渐地，由于复杂的斗争，他们的思想有了分歧。

1908 年，高尔基向列宁发出了邀请。4 月，列宁来到了喀普里岛，这是列宁第一次到意大利专程访问高尔基。但这不是一次轻松的会面。因为高尔基的主要目的，是试图"调解"列宁与"召回派"的波格丹诺夫、巴札罗夫、卢那察尔斯基的矛盾。高尔基受了"召回派"的影响，但他又敬佩列宁，于是就力邀列宁前来，试图使他们和解。列宁在意大利岛上逗留了六天，结果当然不可能产生和解，两位朋友的思想分歧越来越大。

1908 年，高尔基发表了《忏悔》这部小说，这说明了高尔基仍在坚持"召回派"的思想。列宁针对这部作品，给高尔基写了一封批评的信，但考虑到种种原因，列宁并没有寄出这封信。但从此以后，他们的通信中断了。

很快，高尔基就看到了这种派别之争，他忧心忡忡，不知出路在哪里，他让布尔什维克革命家米哈伊尔去巴黎，去寻求列宁的帮助，这一举动改善了他们的关系。

1909 年 11 月，在会见了米哈伊尔的当天，列宁就给高尔基写了一封热情洋溢的信来鼓励和帮助这位朋友。在这封信里，列宁一针见血地指出新党校的本质，并鼓励高尔基不要在困难面前被吓倒。从此刻起，他们之间曾中断了一年半之久的通讯才恢复过来。

此时，在一些报刊上出现了许多谣言，宣称高尔基已被开除出党，列宁立即写了《资产阶级报纸关于高尔基被开除的无稽之谈》进行了反击，维护了高尔基。

1910 年 8 月，列宁再一次应邀前往喀普里，这一次，是真正的友谊的呼唤。列宁难以掩盖他的欢乐心情。高尔基陪同列宁游览了喀普里岛上的古迹。高尔基讲解得极为生动，作为一名文学家，他善于用几句话就描述出一幅风景画，或是描述一件事或一个人。

到晚上，列宁倾听高尔基讲有关俄国和农村的故事。列宁发现这位朋友有着丰富的生活经验，而高尔基，经过了这段时间的相处，更加发现了列宁是"一个极好的同志，一个愉快的人，对于世界上的一切怀着强烈的无穷无尽的兴趣，对人们抱着异常温和的态度"。高尔基跟列宁在南方晒烫了的喀普里石径上散步，这两位朋友——一位文学家和一位革命家，在美丽的喀普里度过了许多这样的快乐时光。他们性情相投，相互的了解一天比一天深，友情也一天比一天浓，他们互相向对方学习，并相互指出工作上的问题和提供自己的帮助。

高尔基向列宁讲了许多故事，还谈到了自己的故乡，谈到他的童年和外祖母，谈到他的少年时代和流浪生活。列宁全神贯注地听着，他那双经常是眯缝着的眼睛闪闪发亮，他对高尔基说："老兄，您应该把这些全部写下来！这一切很有教育意义，很有教育意义。"高尔基回答说："到时候……我来写!"这段交谈促成了高尔基自传体小说三部曲的诞生。

列宁不但成为高尔基在思想上的朋友和导师，也成为高尔基在创作上的朋友和导师。列宁的帮助，使高尔基的创作热情高涨起来。从1910年到1913年高尔基离开意大利，短短3年内，他完成了《夏天》、《奥古洛夫镇》、《玛特维·克日米亚金的一生》、《意大利童话》、《俄罗斯童话》、《童年》以及剧本《瓦萨·日烈兹诺娃》、《怪人》、《崔可夫一家》等。

1913年3月，为了纪念罗曼诺夫王朝建立300周年，俄国宣布大赦。列宁立即给高尔基写了一封信："好像文学家全都获得了大赦，您应当试试回国一趟？对革命的作家来说，能到俄国（新的俄国）走一趟，以后，可能给罗曼诺夫王朝以百倍的打击。"当时，彼得堡的工人们也发表了《致马克西姆·高尔基的公开信》，召唤高尔基返回祖国。于是，1913年12月末，高尔基回到了阔别7年之久的祖国，定居在离彼得堡不远的一个芬兰村庄里。

第一次世界大战就在这时爆发了。高尔基反对这次帝国主义战争，但他在当时同许多人一样，错误地认为整个德意志民族是这次战争的罪魁祸首，并在这样的一份宣言上签了名。但他很快就认识了这种错误。

这段时间，两位朋友通过书信进行了广泛交流。但是，在这个俄国历史不断发生翻天覆的变化的年代里，高尔基再度地走上了弯路。

在1917到1918年期间，高尔基担任《新生活报》的编辑和政治家，受周围知识分子的影响，他对形势产生了错误估计，否定了十月武装起义的必要性，还呼吁革命者要尽快地与沙皇政府缔结和约。

列宁在报上看到了高尔基的"呼吁"后，十分生气。在这政治斗争极其尖锐的关键时刻，高尔基的呼吁等于帮助了敌人。列宁愤怒地批评了高尔基。然而，列宁的当头棒喝还是没有使高尔基分清生活的主流，许多被吓破了胆的知识分子纷纷来找高尔基，向他发牢骚，谈论革命后的盗窃、抢劫、贿赂、投机倒把，高尔基把这些现象都归咎于无产阶级和苏维埃政权，并为此写了文章，登在《新生活报》上。

列宁以前所未有的严厉批评了高尔基，但并没有就此抛弃他。列宁相信高尔基是不会离开革命的队伍的。高尔基的错误也只可能是暂时的。因为，高尔基来自"底层"，是人民的儿子，他必定会回到人民这边来。列宁一直在克里姆林宫等待着高尔基。

1918年3月，列宁被刺客卡普兰刺伤了。高尔基听到消息以后，十分难过。在愤怒之余，他深受震动，幡然醒悟了。

在列宁被刺的第三天，高尔基就给他拍去了慰问电。接着，高尔基亲自前往克里姆林宫，去看望列宁，并向他认错。两个朋友终于再度坐到一起，倾心交谈。在这次谈话中，高尔基抛弃了自己愚蠢的政见，重新回到了革命队伍来。

高尔基常常去新首都莫斯科去看望列宁，去接受列宁的教诲。而每逢高尔基去克里姆林宫的时候，列宁的秘书处的工作人员的心情总是格外愉快，这种愉快是被列宁那种特别急切、特别兴奋的情绪感染的。列宁与高尔基总是在一起商谈许多文化建设的问题，高尔基成功地团结了近百名西欧文学的翻译家和近50名东方学者，出版了欧美和东方各国的译著。

辛苦的工作，使高尔基得了严重的肺病。在列宁一再敦促下，高尔基才离开祖国，去德国治病。高尔基没有想到，他这一去，竟是再也看不到列宁了。

1924年1月21日，列宁逝世。他在一生中的最后几天，还在听人读刚出版的《我的大学》。此外，据列宁的夫人克鲁普斯卡娅回忆，在弥留之际，列宁让她给他读了一篇文章，那是高尔基的《符拉吉米尔·伊里奇·列宁》。列宁一边听着，一边回想着他的一生。**他的眼睛望着窗外，想念着高尔基。**

列宁逝世后，万分悲痛的高尔基给列宁敬献了花圈。在花圈上，只简单地写着："永别了，朋友！"然而，正是这朴素的一句话，包含着多少难忘的回忆和多少深情的呼唤啊！

高尔基立即着手写关于列宁的回忆录，直到1930年6月才改写完成，这就是广为传诵的《列宁》。

高尔基与列宁近20年的交往是一段伟大的友谊。在他们漫长的友情中，他们不是没有出现过思想的分歧，但这并没有防碍他们最终仍然成为最亲密的朋友。列宁对高尔基，是一个严厉的老师，同时也是一位体贴入微的朋友。回想起列宁曾经的帮助，高尔基的心中就充满着感激与怀念。

带着荣誉回到祖国

旅居索仑托的时期，高尔基已是年近花甲的老人了，在这美丽的"第二故乡"，他的健康得到了保持。他在完成长篇《阿尔达莫诺夫家的事业》以后，紧接着又动笔写另一部长篇小说——《克里姆·萨姆金的一生》。它们为高尔基赢来了更大的声望。

然而，到了 1928 年，高尔基实在太想念自己的祖国了，依靠通讯了解到的国内的状况已经满足不了这位老人了，他想回国看一看。正当这个时候，国内庆祝高尔基 60 诞辰和文学活动 35 周年的活动广泛开展起来了。国内的朋友和人民都盼望见到这位离乡别井已达 8 年之久的作家。于是高尔基于 1928 年 5 月 28 日回到了莫斯科。但由于健康原因，高尔基不得不很快返回索仑托。就这样，从 1928 年到 1932 年，高尔基数次回国又数次返回索仑托。这几次短暂的回国，每一次都受到群众热烈的欢迎。高尔基带着渴望而高兴的心情，参观了一个个工厂、团体、学校。他曾经三度去苏联各地旅游。1929 年发表的特写《苏联游记》就是这些参观访问和旅游的成果。他还发表了大量的政论文，组织出版了杂志《我们的成就》、《文学学习》、《在国外》和《国内战争史》。

事实上，高尔基已经成为了苏联作家们的组织者和领导者。1932 年，苏联作家协会成立，高尔基被选为作协组织委员会的名誉主席，他经常举行文学家的座谈会。这一时期，他总结了自己的创作经验，热烈探讨了创作方法问题。他认为为适应蓬勃向上的时代的要求，应把现实主义和浪漫主义结合起来进行创作。1932 年，斯大林提出用社会主义现实主义来命名这种新的创作方法。此后，高尔基从理论上进行论述。这些论述包括在《论社会主义现实主义》、《论短视和远见》、《和青年作家谈话》等文章里。这些论述，对苏联 70 年的文艺产生了极其重大的影响。

这段时期，高尔基与斯蒂芬·茨威格的友谊在文坛上被传为佳话。

1928年，这位奥地利作家去访问苏联，第一次会见了高尔基。1930年1月，当高尔基因为肺病加重返回索仑托之后，茨威格再度专程拜访了他。茨威格在他于1928年写的《向马克西姆·高尔基的致敬辞》和许许多多关于高尔基的文艺评论文章中最明显不过地流露了对高尔基的敬慕之情。茨威格甚至还把自己写的妙趣横生、见解独特的文学评传《三大师》（包括卡杜诺瓦、司汤达、托尔斯泰）献给了高尔基。茨威格多次把高尔基称为"伟大的老师"。

在这段时间里，高尔基与另一位著名作家的友谊也开始达到高潮。这位作家就是法国的罗曼·罗兰。罗曼·罗兰虽然只比高尔基年长两岁，但两人的身世和经历都极为不同。早在1916年前后，高尔基就仔细地阅读了罗曼·罗兰在第一次世界大战期间发表的所有的文章。正是这些文章，使高尔基产生了深深的共鸣，也使他记住了罗曼·罗兰。正当这时，高尔基打算请国内外著名的当代作家为13到18岁的青少年写一套名人传记，由他主持的《帆》出版社出版。他的计划是：挪威航海家南森写《哥伦布传》，英国作家威尔斯写《爱迪生传》、罗曼·罗兰写《贝多芬传》，生物学家季米里亚采夫写《达尔文传》，高尔基自己写《加里巴的传》。于是，高尔基给罗曼·罗兰写了一封信，提出了自己的要求："亲爱的罗曼·罗兰，我热切地请求您写一部贝多芬的传记，因为我相信，没有人会比您写得更好！"这是高尔基与罗曼·罗兰长达20年之久的友谊的起点。友谊建立的基点是他们共同的理想。他们俩的一生，都在思考人和人类的幸福，都在向往光明，并且以文学为工具，做出了现实而伟大的贡献。他们都真心实意地拥护无产阶级革命，都热爱世界上建立的第一个社会主义国家。正是这些共同的理想，使罗曼·罗兰认识到高尔基是自己"在精神上不可多得的同志"，也使高尔基在给罗曼·罗兰的信中惊奇地说："在今天的欧洲，我不认识有谁像你那样，有满腔热血和激情，而且极少教条地考虑人和人类的未来。"他们互致对方的寿辰。高尔基50岁时，罗曼·罗兰在信中写道："您诞生于冬尽春来，春分即将来临之际，这种巧合就象征了您的一生，它是和旧世界灭亡，新世界在狂风暴雨中的诞生紧紧相连的。"

1926年罗曼·罗兰60岁寿辰时，高尔基发表祝词，称罗兰是"一位绝无仅有的斗争者，他固执地、不倦地致力于帮助在目前阴暗岁月里不懈地创造文化价值的人们。"在这之前，1925 年，高尔基把《阿尔达莫诺夫家的事业》献给了罗曼·罗兰。

5 月时，高尔基充满敬意地写道："请允许我把这部小说献给您——献给我所热爱和尊敬的人。"罗兰则回信谈："世界上从来没有任何东西像您对我表示的友谊那样，使我感到如此自豪，感到这般幸福，衷心地感谢您！"

当罗曼·罗兰 70 岁寿辰时，高尔基再次致贺信说："当解放了的人类回顾我们今天生活于其中的现实，了解它令人惊叹的悲剧性史诗的日子，您的具有历史意义的劳动将会得到应有的评价。在这部史诗的画卷上，将屹立着宏伟的巨著——《约翰·克利斯朵夫》和许多崇高艺术作品的作者的强大而又光辉的身影。您不仅在欧洲，而且在印度、摩洛哥和美洲都受到爱戴……我感到自豪的是，在俄国，人们对您爱得尤为热烈。"他们一直渴望着相互见面与倾心交谈，直到 1935 年 6 月，罗曼·罗兰第一次返苏联时，才在莫斯科第一次与高尔基见面。他们相处了一个月。两位作家一起会见了许多苏联作家、批评家、作曲家、画家，一时成为文坛盛事。罗兰唯一遗憾的事是自己不懂俄语，而高尔基也不懂法语。年近古稀的老人罗兰竟兴致勃勃地要学俄语，争取下一次和高尔基见面时用俄语对话。但是，他们这一别就再也没有了相见的机会。

高尔基逝世以后，罗兰在日记中说："不，我过去自己也没有意识到，我对高尔基的感情有这么深厚！朋友一旦消失，友情的深度反而被我发觉了。我们两人之间的友爱，悲剧地显露出来了。我怀着极大的痛苦感觉到，和他分别以来，我是天天在盼望着同他再一次会面，我敢说，高尔基也一样，他也在盼望和我再见。1935 年 7 月底，我们在莫斯科车站分手的时候，是我们两人之间真正的亲密友情交流的起点。"

高尔基高尚的精神追求和磊落的人格，朴实的性格，杰出的艺术造诣，使得他一生当中与许许多多文学家们结下了深厚的友情。他有如一块磁石，在他周围永远团结着无数文学界的同志。

最后的杰作

1933 年 5 月，高尔基第 5 次从索仑托回到了苏联。从这时起，一直到他逝世的最后 3 年里，高尔基就一直住在祖国。

高尔基已经成为了苏联人民的骄傲，他被授予了列宁勋章。世界文学研究所、莫斯科艺术剧院、列宁格勒大剧院都以高尔基命名。他的家乡下诺夫戈罗德也改为高尔基市。

这位已经 60 多岁的老人正打算为祖国人民更积极地贡献余热的时候，遭到了一个意外的打击——他的爱子、37 岁的马克西姆·彼什科夫突然病逝。可怜的父亲亲眼看见了儿子死前痛苦的挣扎，这令他更为痛苦。高尔基是个慈父，马克西姆小时候，高尔基从来没对他端过父亲的架子。他们的交往像朋友一样友好。

《童年》是高尔基送给 15 岁的马克西姆的礼物。在作品的卷首题辞上亲切地写着：给我的儿子。马克西姆则一直因为有这样一位好父亲而感到骄傲。受父亲的教诲，他也成了一个正直的人。后来还加入了布尔什维克。20 年代初，高尔基去德国养病的时候，马克西姆作为外交信使正出使德国。从那时候起，高尔基就和马克西姆夫妇住在一起。两个可爱的孙女给高尔基的晚年增添了很多的乐趣，马克西姆则成为父亲最得力的助手。他掌握了 4 门外语，经常为父亲做翻译、打印手稿，还经常为父亲开汽车或单独完成父亲的委托。高尔基无论从心理上还是从工作上都离不开马克西姆。命运却跟高尔基开了一个沉痛的玩笑。人们

《高尔基》 列宾

雪片般涌来的唁电安慰了这位老人，他重新振作起来，回到了繁重的工作中。

1934 年 8 月，在高尔基的主持下，第一次全苏作家代表大会开幕。这是苏联文学界的一件大事。它标志着苏联文学发展到了一个新的阶段。高尔基在大会上作了题为《苏联的文学》的总结报告。在这次大会上，他被推选为全苏作家协会主席。

1935 年底，高尔基改写了《瓦萨·日列兹诺娃》。从 1925 年就开始动笔的长篇巨著《克里姆·萨姆金的一生》也在这时渐渐接近了尾声。他把这本书献给了他的秘书玛丽亚·依格纳季叶芙娜·查克列芙斯卡娅。然而，《克里姆·萨姆金的一生》并没有最后完成。从 1935 年开始，高尔基的健康就越来越差，有时每天得为他准备大量的氧气袋。1936 年 3 月，高尔基开始大量吐血，感觉很疲倦。

1936 年 5 月，高尔基乘火车从克里米亚的泰斯里回到莫斯科。莫斯科的天气闷热异常。6 月 1 日，高尔基在莫斯科市郊的哥尔克村患上了重感冒，这使他的肺病和心脏病变得更加严重。6 月 6 日起，《真理板》、《消息报》和其他各报开始发表高尔基的病情公报。人们十分关心高尔基，慰问电和慰问信雪片似的向哥尔克飞来。为了安慰高尔基，《真理报》还专为他印了一份不刊登病情公报的报纸。气喘使老人不能躺下来，他终日坐在圈椅里，顽强地忍受着疾病的折磨。当他感到轻松一点的时候，他就同周围的人们说笑，嘲笑自己的软弱无力。有时候他还谈论文学，谈论生活。高尔基在这个时候经常怀念列宁。高尔基读的最后一本书是《拿破仑传》，它由著名历史学家塔尔列在 1933 年完成，在这本书的书页上，至今保留着高尔基画的记号，但他最终没能够读完这本书。

1936 年 6 月 18 日上午，高尔基在哥尔克逝世，享年 68 岁。高尔基的遗体由哥尔克村运抵莫斯科，停放在圆柱大厦中。6 月 20 日，莫斯科的红场披上了黑纱，高尔基追悼大会在这里隆重举行，会后人们将高尔基的骨灰葬在克里姆林宫墙内。

高尔基就这样离开了他深深爱着的人民。

八、 普希金

普希金（1799—1837），全名亚历山大·谢尔盖耶维奇·普希金，俄国人，俄国著名的文学家、伟大的诗人、小说家，及现代俄国文学的创始人。19世纪俄国浪漫主义文学主要代表，同时也是现实主义文学的奠基人，现代标准俄语的创始人，被誉为"俄国文学之父"、"俄国诗歌的太阳"。普希金生于贵族之家，但他的命运却是坎坷的。过了很多年被流放的生活，最后还因为决斗，死在情敌的枪口下。

在普希金短短的39岁生涯中，他留下了丰富的作品。如短篇小说《彼得大帝的黑奴》、《书信小说》、《亡人伊凡·彼得洛维奇·别尔金小说集》、《射击》、《暴风雪》、《驿站长》、《黑桃皇后》、《基尔沙里》等，长篇小说《上尉的女儿》，诗作《巴奇萨拉的喷泉》、《致大海》、《渔夫和金鱼的故事》、《迟开的花朵更可爱》、《哀歌》、《茨岗》、《假如生活欺骗了你》等等。

金色的皇村岁月

1799 年 5 月 26 日（新历 6 月 6 日），亚历山大·谢尔盖耶维奇·普希金出生于莫斯科郊外的戈布里诺庄园。他的父亲名叫谢尔盖·利沃维奇·普希金。普希金家族是一个古老的贵族，他们在俄国的历史上多次留下重要的印迹。这是普希金的自豪，他后来还曾把自己的家谱追溯到亚历山大·涅夫斯基时代的传奇的"正直的男子汉"拉德沙。

普希金的母亲纳杰日达·奥西波芙娜出身的家族是"彼得大帝的黑奴"，后来成为俄国将军汉尼拔的孙女，也成为莫斯科贵族中的一员。普希金出生在这样的家庭并不是什么好事，因为他的父母亲一直都在忙着社交活动，根本无心照顾他们这些孩子。

普希金小时候的教育由不断变换的家庭教师来负责，他们之中主要是法国人，这些人令普希金很不喜欢。他的朋友是农奴出身的奶娘阿琳娜·罗季昂诺芙娜和外祖母玛丽娅·阿列克谢耶芙娜·汉尼拔。奶娘给他讲了很多童话故事，还给他唱民间的小曲儿，激起了普希金对诗歌的兴趣。

据普希金的弟弟说，在普希金刚开始懂事时说表现了"对诗歌的酷爱"。而经常有著名的作家，像尼·米·卡拉姆津伊·伊·德米特里耶夫，瓦·安·茹科夫斯基等人到普希金家里去。普希金的父亲对文学很感兴趣，他自己也写诗，伯父瓦西里·利沃维奇是当时著名的诗人。这些人在普希金的家里进行谈论，都给普希金在诗歌方面的爱好打下了基础。

8 岁的时候，普希金就写了小喜剧和讽刺老师的短诗。在父亲的书库里，普希金经常溜进去阅读大量的书。所以，童年时，他就已经熟悉了 18 世纪俄国诗人的作品。9 岁的时候，他就对普卢塔克的作品《伊利亚特》、《奥德赛》等很感兴趣。

1811 年夏天，普希金被伯父送到彼得堡投考在皇村开办的皇村学校，这是一所享有特权的贵族寄宿学校，普希金顺利地通过了学校的考试，被皇村学校录取。1815 年 10 月 19 日，普希金参加了皇村学校的开学典礼，此后要在这里完成六年的课程学习。

皇村学校里有许多出色的教师。像俄罗斯语言文学教授 H. cp. 科尚斯基，年轻的代课老师 A. N. 加里奇，法语教师布德里，天才的政治学教授 A. N. 库尼钦等。10 年后，普希金曾写了一首诗庆祝皇村学校的周年纪念日，其中谈到了这位政治老师：

把心灵和美酒都献给库尼钦！
他塑造了我们，培育了我们炽烈的情操，
他为我们点燃了晶莹透亮的神灯，
那奠基石啊，也是他为我们营造……

（《十月十九日》，1825 年）

普希金的学习算不上努力，学校里的教育也不能令他满意。在《叶甫盖尼·奥涅金》中，普希金写道"东鳞西爪、一知半解的教育，我们大家都受到一点"，据说就是依据对皇村学校的印象写成的。这种对学业的倦怠，并没有掩没他的天分。所有教授过他的教师都说，普希金有"非凡的禀赋"。

1815 年的冬天，学校的学生和教师都穿着节日的盛装，在通往礼堂的道路两旁，迎接来自国都的贵宾。三辆华贵的马车驶入了校园，分别是教育大臣、文学界的精英、国都里的贵妇人，之所以会来这么多的大人物，是因为这里要举行皇村中学建校三年来首次公开的升级考试。

对于其中的一位贵客——年迈的大诗人杰尔查文，这也是很重要的一天。虽然，一些孩子们的考试过程已经令他有些疲惫了，但在听到一个名字的时候，他兴奋了起来，这个名字就是亚历山大·谢尔盖耶维奇·普希金。这位老人早就对这个名字很熟悉了，在老人的眼里，已经把他当作俄罗斯诗歌的继承者。身穿黑色燕尾服、足穿高统靴的普希金来面大厅中间，面对考官，镇静自若地高声朗诵起自己的诗作《皇村的回忆》：

沉郁的夜的帷幕，
悬挂在轻睡的天穹；

山谷和丛林安息在无言的静穆里，
远远的树丛堕入雾中。
隐隐听到溪水，潺潺地流进了林荫；
轻轻呼吸的，是叶子上沉睡的微风；
而幽寂的月亮，像是庄严的天鹅，
在银白的云朵间游泳。
……

瀑布像一串玻璃的珠帘
从嶙峋的山岩间流下，
在平静的湖中，仙女懒懒地泼溅着
那微微起伏的浪花；
在远处，一排雄伟的宫殿静静地
倚在一列圆拱，直伸到白云上。
……

战栗吧，异国的铁骑！
俄罗斯的子孙开始行进；
无论老少，他们都起来向暴乱袭击
复仇的火点燃了他们的心。
战栗吧，暴君！你的末日已经近了
你将会看见：每一个士兵都是英雄；
他们不是取得胜利，就是战死沙场
为了俄罗斯，为了庙堂的神圣。

　　这里有美妙的自然风光，有繁华的过往，也有经受战争洗礼的悲怆还有保卫家园的勇士之风。诗中的爱国热情感染着在场的每一个人。普希金朗诵结束后，大厅里响起了经久不息的掌声和喝彩声。
　　老诗人杰尔文情不自禁地站起来。实在难以相信这样高尚的主题，严谨的结构、流畅的名子，史诗一样的风格，竟然是出自一个年仅15岁的少年之手。杰尔文已经把这个少年当作是"俄罗斯诗歌的太阳"了，后来普希金的成就完全证实了这位老诗人的预见。
　　普希金的这首诗很快就发表在国家刊物《俄罗斯博物馆》上，然后，又被收进《俄罗斯范文》。普希金的名字很快传遍彼得堡文学界。

1812 年，俄罗斯再次经受了战火。拿破仑入侵俄国，俄国人民站起来进行了卫国战争。在皇村中学附近，驻扎着一支近卫军。一些年轻的贵族军官，曾经接触过西方先进的思想。有着追求自由光明思想的普希金，很快就与这些人交往起来。恰阿达耶夫等人都成了普希金的好朋友。反农奴制和追求自由的思想，使普希金在政治上也成熟起来。

1817 年，普希金以优异的成绩，从皇村中学毕业。在离开学校之前，普希金写道：

无论我到哪里
处在战火纷飞中，
这神圣的友谊我将永怀心间。

——《别离》

毕业之后，普希金被分配到俄罗斯外交部工作。

彼得堡生涯

　　因为受到了彼·雅·恰阿达耶夫等军官的影响，普希金希望能到军界服役。但是谢盖尔·里沃维奇却反对他这个想法，而是让他到外交部工作。普希金在1824年回忆说，离开皇村学校后，"我几乎立即到我母亲的普斯科夫乡下去。我记得，我多么喜欢农村生活、乡村澡堂、草莓等等，但是这一切我喜欢的时间并不长。我过去喜欢，至今还喜欢喧嚣和人群……"

　　这年秋天，普希金回到了彼得堡。这里热闹的生活，对于这个正值大好青春的年轻人来说，正是享受的时候。据普希金的弟弟的记述，"离开皇村学校后，普希金正值青春焕发、风流倜傥之年，他尽情地享受着。轮番吸引他的时而是博大的上流社会，时而是喧腾的饮宴，时而是剧院后台的奥秘。他贪婪地、发狂地沉缅于各种享受。"

普希金自画像　1820年

　　彼得堡的戏院和芭蕾舞剧院是普希金最喜欢去的地方，他成为了那里的"自己人"，"剧院后台的荣誉公民"。当时最著名的演员谢苗诺娃、科洛索娃、雅科夫列夫等人都与普希金交往甚密。在戏剧活动家、剧作家亚·沙震夫科伊家里，普希金还见到了俄国浪漫派诗人、翻译家、评论家、戏剧活动家、十二月党人巴·亚·卡捷宁，以及俄国作家和外交家、十二月党人格里鲍耶陀夫。这些人的文学才能以及政治思想都令普希金受到积极的影响。

　　1820年初，普希金写了一个《俄

国戏剧之我见》的评论文章，高度评价了当时的俄国戏剧。对谢苗诺娃悲剧表演的深厚功力，对角色理解深刻，感情真实，表演自然都给予了很好的评价。可惜的是，普希金的这篇文章并没有写完。

不过，普希金曾经在《叶甫盖尼·奥涅金》的回忆中赞美彼得堡戏院：

让人着魔的地方！当年冯维辛，自由之友，勇敢的讽刺大师，以及善于模仿的克尼日宁，都曾在那里显赫一时；奥泽罗夫也曾经在那里，跟年轻的谢苗诺娃一起，接受情不自禁的眼泪和掌声；也是在那里，我们的卡捷宁，使高乃依雄伟的天才复活。在那里，尖刻的沙霍夫斯科伊，上演过他一连串热闹的喜剧，在那里扬过名的还有迪德洛。在那里，那里，舞台的侧幕边，我的青春的日子啊，一去不返。

在彼得堡贵族举办的沙龙里，美术研究院院长，公共图书馆馆长阿·尼·奥列宁的沙龙最为有名。这位一个具有敏锐艺术鉴赏能力的古代艺术行家。他的沙龙里，作家、画家、音乐家、科学家都有。格涅季奇、奥泽罗夫、克雷洛夫、巴丘什科夫、格里鲍耶陀夫、茹科夫斯基等人经常参加，普希金也常常会去。

在这样的沙龙里，普希金是活动的积极分子，他经常当众朗诵自己创作的诗篇，和这些进步的朋友们谈论俄国戏剧发展状况，也包括一些国家的政治问题。此时的普希金是意气风发的。虽然是在外交部工作，他却对那样的工作毫无兴趣，反而立志要在文学上做出一番成就来。普希金的诗歌和他的见解确实征服了当时的很多人，普希金成为"绿灯社"非常有影响力的年青人。

1820年，普希金的力作《鲁斯兰和柳德米拉》轰动了俄国文坛。这是一部风格清新的诗体童话。在这部童话里，诗人所描绘的新奇的童话世界，给人们留下了深刻的印象。这部长诗也改变了传统文学的刻板和忧郁的风格，为俄罗斯的文学界带来了一股清新的空气。

普希金在诗作上小有所成，在思想上也走向了成熟。他关心的不仅仅是俄国文学的走势，也更多地关注着俄罗斯国家的命运和前途。当时，普希金熟悉的人中有很多是十二月党人，但他并不知道。他曾经敏锐地感觉到有秘密政治团体的存在，并怀疑尼·伊·屠格涅夫和他在皇村学校的朋友普欣是这个秘密团体的成员。但为了保险起见，他们并没有告诉普希金真实的情况。

据普欣后来讲："普希金就协会的事情对我进行了一次猛烈的谴责，那是当他在尼·伊·屠格涅夫那儿碰到我的时候。当时，我们全体有意参加出版一份拟议中的政治杂志的人员都在那里聚会。顺便说一下，库尼增和我们皇村学校的同学马斯洛夫也在场。我们围坐在一张大桌前，马斯洛夫正在宣读一篇关于统计学的论文。这时，我听见有人从后面抓住我的肩膀。我回头一看，原来是普希金！'你在这儿干什么？到底叫我当场拿获了。'他对我耳语道，便走过去了。论文宣读完毕，我走到普希金跟前，同他打招呼。有人递上了茶，我们抽起烟来，在一个角落里坐下。

'你怎么从来没对我说过你认识尼古拉·伊凡诺维奇呢？想必这是你们的协会在开会吧？我在夏宫散步来着，是顺路到这儿来的，纯属偶然。请别隐瞒啦。说实在的，亲爱的朋友，这太不像话啦！'"

虽然知道了朋友的秘密，但普希金并没有向其他人公开这件事。直到十多年后，在《叶甫盖尼·奥涅金》第十章时，普希金记述了他不止一次地参加过"自由之友"的那些彼得堡集会：

玛斯、巴克科斯、维纳斯的朋友，卢宁，他在会上大胆地建议要大家自己的意见。他兴奋地喃喃自语。普希金朗诵了自己的圣诞歌，雅库什金，他一向郁郁不乐。这时好像在悄悄往外抽他那柄沙皇的匕首。跛子屠格涅夫倾听他们的发言，他眼中只有俄罗斯，在世界上，他只珍爱自己的俄罗斯理想。他憎恨奴隶制度的皮鞭，他预见到这群贵族当中，将会出现解放农民的英雄。

在彼得堡的这段日子，普希金写了一些带有时代和社会印迹思想的政治诗。著名的像《乡村》、《自由颂》、《致恰阿达耶夫》等。这些诗作体现了对穷苦农民的同情，表达了希望改革农奴制建立君主立宪制的愿望。

普希金的这些政治抒情诗，鼓舞了当时的仁人志士，但政府书籍检查官们却害怕了。为了阻止普希金的自由思想借由诗歌传播出去，威胁到沙皇的统治，所以，他们上报给了沙皇。在文坛臣匠茹科夫斯基和卡拉姆津等人的说情下，普希金被免除了劳役。最后，沙皇决定把他发配到荒凉的西伯利亚。

被流放的日子

　　在被流放的途中，普希金染上了疟疾。在朋友拉耶夫斯基将军一家的热情帮助下，他才从病魔手中解脱。将军父子还把普希金带到了高加索矿泉区疗养。在这里，普希金感受到了山区自然风光的美丽。山区的人民都很淳朴，朋友也很照顾，普希金的日子并不难过。

　　其后，普希金跟随拉耶夫斯基一家来到了尤尔卓夫，这是一个海滨城市。当普希金白天在海里畅游，夜晚坐在黑海岸边，感受浪花拍打海岸的声音时，更深地认识了大海的博大。同时，普希金也接触到了拜伦的诗篇。普希金对拜伦的诗非常喜爱，把拜伦当作他"思想上另一位君王"。

　　拜伦是 19 世纪欧洲浪漫主义文学的著名代表之一。他的自由、叛逆、狂放、忧郁的诗风给普希金留下了深刻的印象。在他此后创作的一组长诗里，就留下了拜伦风格的印记。通过朋友的帮助，普希金被任命为基什涅夫的官员。普希金在这个偏远的地方，任职的时间并不长，但却经历了一件难忘的事情。他在卡敏卡参加了一次革命党人的秘密会议。在会议上，普希金的发言令在会的众人都留下了深刻印象。以前，他们只知道普希金的诗写得好，没想到他的辩论也是那么地精彩，并且还充满了战斗的热情。和这些革命者在一起，也令普希金觉得充满激情。

　　不久之后，普希金又被调往南方的滨海城市敖德萨。在这里，大海再次给了普希金震撼。在这里，普希金了解到欧洲大陆正在进行革命，西班牙和意大利的革命运动、希腊人民反抗土耳其压迫的民族解放运动都在热烈地进行着。普希金立刻联想到了俄罗斯的现状。当时，拜伦已经参加了希腊人民起义，这位偶像的传奇经历令普希金心生向往。他曾经计划逃到土耳其去，摆脱这种苦闷的流放生涯。

　　普希金的天真想法并没有真正地付诸现实，他只是把这种壮志难酬的郁闷之志融入到他的诗歌中去。他取材于当地的生活，写下了传奇叙事长诗《高加索的俘虏》、《巴赫奇萨拉伊的喷泉》、《强盗兄弟》，草拟了《茨冈人》，并从这时起开始创作俄国文学史上的第一部诗体小说《叶甫盖尼·奥涅金》，其间还有大量的抒情诗歌，如《匕首》、《拿破仑》《陆地和海洋》、《翻腾的浪花》、《征兆》、《我是荒原上自由的播种者》等。

普希金的这些创作又给他带来了麻烦。沙皇被他搅得不安，于是下令把他押解到普斯科夫省的米哈伊洛夫斯克村，这里是普希金父母的领地。沙皇希望在父母的管教下，普希金能够"弃恶从善"。

1824年仲夏，普希金来到了这个新的流放地，这是一个偏僻的小村落。父母对普希金的到来并不怎么欢迎，面对这个老是给他们带来麻烦的儿子他们表现最多的是抱怨。依然像从前那么真心对他的还是他的奶妈阿丽娜·罗季昂洛夫娜。

每天晚上，奶妈仍然像以前那么陪着普希金聊天，给他讲故事。普希金一边听着这些故事，一边把它们记录下来进行加工整理，这一个个的故事就变成了诗歌或是童话作品。当普希金写出诗来，这位奶妈就是第一个听众，甚至还能给普希金提出中肯的修改建议。也因此，普希金把奶妈当作自己的亲人。

在这种被流放的时候，普希金沉浸在自己的思想世界里。他与"思想上的君王"在心中进行对话，并写成《拜伦谈话录》；他从《圣经》中了解上帝的真义。塞万提斯、彼得拉克、歌德、席勒格林等人都被他请来进行思想上的交流。

普希金这时期创作的有著名的抒情诗《致大海》、历史悲剧《鲍里斯·戈都诺夫》，叙事诗《鲁林伯爵》、诗体小说《叶甫盖尼·奥涅金》的第三章以及抒情小诗《酒神颂歌》、《冬天的黄昏》、《先知》等。

普希金在米哈伊洛夫斯克村生活时，一个美丽的女子给他的生活增添了色彩。他在朋友奥西波娃的家中遇到了自己心中的女神安娜彼得罗夫娜·凯恩夫人。他们曾经在彼得堡艺术协会主席奥列宁家中见过面，那时，普希金就对这位美丽智慧的女子一见钟情，但那时，她已经是一位将军的妻子，所以，普希金只能把这一份爱恋埋进心里。后来，才知道她婚后的生活并不如意。1825年，凯恩来到了米哈伊洛夫斯邻近的三山村。

两人的相遇令普希金心中重新燃起了爱情的希望。他们一起到林中散

步，在月光下谈心。对凯恩夫人的感情令普希金忍不住写下了一首广为人
知的爱情绝唱——《我记得那美妙的一瞬》：

我记得那美妙的一瞬，
在我的面前出现了你，
有如昙花一现的幻想，
有如纯洁至美的精灵。

在那无望的忧愁的折磨中，
在那喧闹的浮华生活的困扰中，
我的耳边长久地响着你温柔的声音，
我还在睡梦中见到你可爱倩影。
许多年过去了，暴风骤雨般的激情
驱散了往日的梦想，
于是我忘却了你温柔的声音，
还有你那天仙似的的倩影。

在穷乡僻壤，在囚禁的阴暗生活中，
我的日子就那样静静地消逝，
没有倾心的人，没有诗的灵感，
没有眼泪，没有生命，也没有爱情。

如今心灵又开始苏醒：
在我面前又重新出现了你，
有如昙花一现的幻影，
有如纯洁至美的天仙。
我的心在狂喜中跳跃，
心中的一切又重新苏醒，
有了倾心的人，有了诗的灵感，
有了生命，有了眼泪，也有了爱情。

　　这首情诗后来被俄国著名作曲家格林卡谱成优美动听的抒情歌曲。但是，后来，凯恩夫人却要远去了。在一个月色皎洁的夜晚，普希金为她送行，临别时他把这首诗夹在润色完毕的《叶甫盖尼·奥涅金》的第二章中送给她留作纪念。

　　1825 年，普希金还写下了另一着脍炙人口的诗作，《假如生活欺骗了你》：

　　假如生活欺骗了你，
　　不要悲伤，不要心急！
　　忧郁的日子里需要镇静；
　　相信吧，快乐的日子将会来临。
　　心儿永远向往着未来，
　　现在却常是忧郁；
　　一切都是瞬息，
　　一切都将会过去，而那过去了的，
　　就会成为亲切的怀恋。

小说集问世

　　1825 年深秋，俄国沙皇亚历山大一世突然死去。革命党人决定利用这个机会，发动起义，反对沙皇的专制统治。12 月 14 日，在参政院的广场上，进行军事起义的"十二月党人"呐喊着冲向皇宫，同卫兵们展开了搏斗。但是，新即位的新沙皇尼古拉一世调来了大批的军队进行镇压。由于准备不够充分，又没有得到群众的支持，所以，起义很快地就被镇压下去了。这次起义就是俄国历史上有名的"十二月党人起义"。起义失败后，5 名起义领导人被绞死，100 多名"十二党人"被流放到西伯利亚。

　　这一年冬天的一个早上，普希金听到庄园里响起一阵马铃声，一个多年不见的好朋友来到了他的面前。这位，正是普希金在皇村中学时就认识的密友普欣，也是被流放到西伯利亚的"十二月党人"之一。

　　普欣给普希金带来了俄国著名剧作家格里鲍耶陀夫的剧本《聪明误》，普希金也为好友朗诵自己的新作。可是，就在他们交谈的时候，一个陌生人来了，他自称是本村寺院中的一位长老。但是，聪明的普希金却看出了他是沙皇的特务，把他打发走了。然后，两个好朋友又在一起怒斥专制政权的丑恶行径。

　　看到普希金生活在这样一个时时被监视的环境中，还在坚持着创作，普欣也对他充满了敬佩。他们在一起讨论这一次的十二月党人的这次革命。虽然，最终起义失败了，却让他们看到了希望。普希金虽然没有参与，但他在普欣的谈论中了解了过程，也坚持着专制一定会亡，自由一定会属于俄罗斯人民的信念，并写了一首致流放者的诗，来鼓励这些虽败犹荣的勇士。

　　他的这首诗被沙皇的鹰犬被查抄出来了，找到了普希金与"十二月党人"的联系的证据，为了加强对他的控制，尼古拉一世决定直接看管他并企图收买他。就这样，1826 年，普希金回到了彼得堡，名义上获得了自由。此后，普希金经常来往于圣彼得堡和莫斯科之间，继续从事着反映社会现实的作品，写作的艺术风格也由浪漫主义转向了现实主义。

普希金的每一部作品都要被送到沙皇面前，这位尼古拉一世附庸风雅，有时希望"参与"到普希金的创作中去，但都被普希金以各种各样的借口拒绝了。

为了寻找创作的灵感，普希金经常到民间去，有时还换上贫民或是少数民族的服装，甚至想像拜伦那样去四处闯荡。1828 年，俄国同土耳其开战，普希金请求去前线，没有得到批准。后来，求婚失败的普希金郁闷之中，通过弟弟和友人的关系来到了俄国驻扎在高加索的野战部队。

在野战部队，普希金遇到了拉耶夫斯基将军父子。一天傍晚，当他们正在营地里用餐时，警报声传来，土耳其骑兵发起了突袭。普希金跟着将士们跨上战马，向敌人杀去。这次的战斗经历，对普希金来说弥足珍贵。后来，他把当时使用的马鞭挂在自己的书房里，作为留念。

在战争的过程中，普希金不仅直接参与战斗，还依旧保持着创作的热情。他用一首首带着边塞风情的诗歌鼓舞着战士们的士气。《高加索》、《雪崩》、《集合号在响》、《山谷》、《格鲁吉亚》、《卡兹别克山上的寺院》、《顿河》和《埃尔祖鲁姆旅行记》都是在这段时间的创作。这样的特殊经历，使他的诗歌风格也进一步充实丰富。

1830 年，普希金居住在波罗金诺庄园。20 年前左右，俄国军队就是在这里取得了著名的波罗金诺大会战的胜利，痛击了法国侵略者。居住在这里的普希金获得了艺术上的胜利。他写完了《叶甫盖尼·澳涅金》的最后两章，写出了《别尔金小说集》，四部小悲剧（《吝啬的骑士》、《莫扎特和萨列里》、《瘟疫流行时的宴会》、《石客》）、叙事诗《科洛姆纳的小屋》等，还有许多的小诗。《叶甫盖尼·澳涅金》无论是思想还是艺术水平都达到了世界一流的标准，标志着俄国在文学上的独立。这个秋天，是普希金创作上的高峰期。因为普希金在秋天的这些成就，文学家们称之为"波罗金诺金秋"。

1830 年至 1839 年之间，普希金创作了一批优美的童话诗：《神父和他的长工巴尔达的故事》、《萨尔坦沙皇和儿子勇士格维顿·萨尔坦诺维奇公爵及美丽的天鹅公主的故事》、《渔夫和金鱼的故事》、《死公主和七勇士的故事》、《金鸡的故事》等。这些童话故事，至今还在世界各地广为流传。

他的史诗《波尔塔瓦》、《青铜骑士》，历史悲剧《鲍里斯·戈都诺夫》，历史小说《上尉的女儿》等充分肯定了人民在历史发展过程中所起的重要作用，客观公正地评价了农民起义的领袖及俄国统治者，成为俄国历史题材文学作品的典范。

因为在诗歌上所取得的卓越成就，普希金被尊为"俄罗斯诗歌的太阳"。

决斗和逝世

1828 年 12 月，普希金在莫斯科的一次舞会上，遇到了公认的莫斯科第一美人纳塔丽亚·尼·冈察罗娃。年仅 16 岁的纳塔丽亚，不仅美丽，而且精通舞蹈艺术，还能讲一口流利的法语，这一切都令当时的年轻人倾慕不已。普希金也完全被她所征服。他开始不断地拜访冈察罗夫一家，接近纳塔丽亚和他的家人，并于 1829 年 3 月向冈察罗夫求婚，这一次，他没有得到明确的答复，所以，才不顾禁令，擅自到高加索的前线去了。因为在当地与十二月党人有着密切的交往，引起了巴斯凯维奇的不安，强行让他回到俄国去。回到彼得堡后，因为擅自到高加索，普希金受到了尼古拉一世的申斥，由本肯多夫传达给普希金。

1830 年 4 月，普希金再次向纳塔丽亚·尼·冈察罗娃求婚。这一次，他的求婚被接受了。但他却无论如何也想不到，这正是他悲剧的开始。

虽然出身于贵族家庭，但是，普希金的生活来源却主要还是来自他的稿酬，所以他的日子过得并不宽裕。以前，一个人还好，可是，要结婚了，而且还是莫斯科的第一美人，婚礼无论如何也不能办得寒酸。纳塔丽亚的父母又提出了种种故意为难的条件，给普希金更增加了麻烦。

9 月 1 日，普希金不得不带着新婚妻子回到父亲的庄园，位于诺夫戈罗德省的波尔金诺村。谢尔盖·利沃维奇把庄园的一部分分给了儿子。又是秋天了，普希金在诗中写道：

忧郁的季节中！真是美不胜收！
你那临别时的姿容令我心旷神怡——
我爱大自然凋萎时的五彩缤纷，
树林披上深红和金色的外衣，

树荫里，气息清新，风声沙沙，
轻绡似的浮动的雾气把天空遮蔽，
还有那少见的阳光，初降的寒冽
和远方来的白发隆冬的威胁。

在婚后的一段时间，他们的生活是幸福和平静的。但是，没过太长的时间，感情就出现了分歧。纳塔丽娅对丈夫挚爱的诗歌毫无兴趣，她热衷的只是宴会和舞会，喜欢享受、爱交际，使本就生活不富裕的普希金更是拮据。普希金本可以靠着自己的勤奋写作来满足妻子的虚荣心，但是，纳塔丽娅带给他的喧嚣令他无法静下心来了。

更要命的是，虽然已是有夫之妇，纳塔丽娅的身边还是经常围着一大堆的追求者，连沙皇尼古拉一世也成为她的倾慕者。为了能够接近纳塔丽娅，尼古拉一世竟让普希金充任了只有青少年才能担任的宫廷近侍。普希金对此深感羞耻，却又无可奈何。

在一次家庭宴会上，纳塔丽亚结识了法国驻俄国公使馆随员丹特士男爵。这位男爵是一个外表迷人却内心肮脏的小人，可是纳塔丽亚却被他迷住了。他们开始频频幽会，后来，即使当着普希金的面也毫不顾忌。一时间，种种关于普希金妻子的流言蜚语不胫而走，闹得满城风雨。

一些早就对普希金心生恶意的人更是借机对他进行嘲讽，一封侮辱普希金人格的匿名信终于迫使他走上了决斗的悲剧道路。

1837 年 1 月 27 日，普希金握着手枪来到了事先约定的地方，他的心里被烦躁折磨得无法自主，但是，他还对自己抱着一丝信心，输的不一定是他。然而，他却没能料到，奸诈的丹特士没等他走到指定的位置，就开了枪。鲜血顿时染红了普希金脚下的土地，反应过来的普希金忍着疼痛向丹特士进行了回击，但却没能击毙对方。

经过两天两夜的抢救，普希金最终还是离开了人世。年仅 39 岁的诗人留给后人的是他的一部部经典之作。

得知普希人逝世之后，俄国人民震惊了，他们纷纷涌过普希金的家里，向诗人作最后的道别，并对杀害普希金的刽子手予以强烈的谴责。

继普希金而成为俄国诗歌后起之秀的青年诗人莱蒙托夫写下了《诗人之死》，这位年轻诗人代表俄罗斯的良知审判了杀害普希金的黑暗势力：

你们，贪婪的一群，围在皇上的宝座边
都是自由、天才和荣誉的刽子手
……
你们即使让自身的黑血流尽
也洗不掉诗人正义的鲜血。

　　普希金用他的诗歌为自己铸造了一座不朽丰碑。如今，不仅在俄国，在世界的任何一个国家都流传着普希金美妙的诗歌。

九、 泰戈尔

泰戈尔（1861—1941 年），全名拉宾德拉纳特·泰戈尔，印度人。泰戈尔从 13 岁起就开始写诗，此后他就一直从事文学创作。从 13—18 岁，泰戈尔陆续发表了长诗《野花》、《诗人的故事》等作品；1881—1885 年，他又出版了抒情诗集《暮歌》、《晨歌》和《画与歌》，还有戏剧和长篇小说。

泰戈尔一生中共写下 50 多部诗集，并以诗集《吉檀迦利》荣获 1913 年度诺贝尔文学奖。同时，他在其他方面也取得了很多成就。从他 17 岁开始，便开始为自己写的歌谣谱曲。此后，他还将欧洲的一些曲调运用于他的剧作中。在以后的几十年，他继续创作，写了大量的歌曲。同时，泰戈尔也是一位著名的小说家、剧作家、作曲家和画家，先后完成了 12 部中长篇小说、100 多个短篇小说、20 多部剧本、1500 余幅绘画。

除了文学家的身份，他还是一位重要的哲学家、教育家和社会活动家，写下了大量哲学、教育、政治方面的论著。

不管是在印度的文学史上，还是在世界文学史上，泰戈尔都产生了重要的影响。为人类留下了宝贵而丰富的文化遗产。

父亲打造出的小神童

　　1861 年 5 月 7 日，在印度西孟加拉邦加尔各答，身为当地小有名气的柴明达地主的德拉纳特迎来了他第 14 个孩子的诞生。没有人会想到这个孩子很多年以后会成为带给他们家族甚至是全印度最大荣誉的人。

　　虽然前面已经有 13 个孩子了，新的生命还是给这一家人带来了无限的欢喜。大家亲切地称呼这个孩子"拉比"，每一个人都很钟爱他。拉比的父亲和祖父都是当地积极的社会活动家，对当时孟加拉的启蒙运动非常赞同，希望能够通过自己的努力使印度的社会改革得以实现。

《泰戈尔像》　　徐悲鸿

拉比的父亲不只是一位商人和社交家，还是热爱文化的知识分子。他对《吠陀》和《奥义书》很有研究，对印度传统文化和西方文化都有较多的接触。但是，因为他富有民族主义倾向，热衷改革，被当地传统的势力视为没有种姓的外姓之人。其实，拉比家族是婆罗门种姓，是印度四大种姓中社会地位最高的种姓。虽然，拉比父亲的激进思想不被传统认可，但却让生活在这个家庭里的孩子们有了与一般人不同的思想成长路程。

拉比的几个哥哥姐姐后来有的成为学者，有的成为艺术家，不乏有才之人。拉比，也就是后来的泰戈尔，后来更是举世闻名。

拉比的成名不是偶然的。他的父亲从小就对他寄予厚望。他曾对拉比的母亲说："我一定要把这个孩子培养成为我们最出色的孩子。"拉比的母亲问他："那你打算怎么来培养他呢？"他回答："我要在他很小的时候，就让他接受最全面的教育，使他成为一个小神童。"

拉比的父亲说到做到。在泰戈尔6岁的时候，父亲就让他学习画画，虽然，拉比大多时间只会在纸上胡乱地涂抹，父亲却发现他对色彩很敏感，并且还让小拉比善于绘画的哥哥乔蒂林德拉纳特当了小拉比的绘画启蒙老师。

虽然最早接触的是绘画，但泰戈尔在绘画上并没有什么成就。他曾经回忆说，自己常常会在午后，拿着速写本躺在地毯上，想要画点什么，可最后虽然无数的想法从脑子里闪过，纸上却常常只留下一片空白。绘画对他来说不是一种功课，更像是一种休闲游戏了。

在让小拉比学习绘画的同时，父亲还亲自教他学习字母。拉比父亲的方法也很有特点，他把字母写在卡片上，给它们涂上不同的颜色，每天拿这些卡片和小拉比做游戏。很快，拉比就学会了很多字母，同时也熟悉了20多种颜色。

小拉比长到4岁时，父亲又开始对他进行了音乐教育，由拉比的另一个哥哥萨迪延德拉纳特担任启蒙老师。萨迪延德拉纳特不仅教他弹钢琴，还让他听很多印度音乐和民乐，甚至孟加拉地区的宗教流行乐曲，也会让小拉比听。拉比对印度北部的古曲很感兴趣，留下了深刻的印象。

父亲的教育可不是单一的，在拉比跟着哥哥学音乐的同时，父亲还让拉比的姐姐教他学英语。等到拉比到了6岁的时候，他就不仅会画画，会弹钢琴，还能说一口流利的英语了。父亲已经基本上把小拉比打造成了一个小神童。

可是，这还没完。父亲又让他接受文学方面的教育。父亲经常会为小拉比朗诵诗歌，不仅有自己本民族的，还有国外的经典诗歌。对于自己喜欢的《吠陀》和《奥义书》，拉比的父亲更是让小拉比把它背诵下来。《吠陀·圣歌》等诗歌的美妙和神圣，给了小拉比以深刻的印象。尽管最早不懂诗歌里所表达的内涵，泰戈尔却受诗歌语言魅力的影响，一生都对《吠陀》非常热爱。

当拉比看得懂书籍时，父亲开始鼓励他阅读各种各样的文学书籍。到了拉比9岁的时候，他就已经能够按照韵律准确地排出了两句诗。从此，他一直对诗歌保持着强烈的爱好，并在这方面做出了举世瞩目的成就。14岁时，拉比已经阅读了大量书籍，文学、历史、社会和自然科学等各方面的书籍都有，非常全面。

除了学习，父亲还会带着他去野外进行观察大自然的奥妙，陶冶拉比的心灵。拉比12岁的时候，父亲带他来到了喜马拉雅山东坡的一个小镇上。他们在山顶上租了一个小别墅，度过了一段快乐的时光。这次旅行，让小拉比大大开阔了视野。不仅见到了奇丽的风景，还感受到了令人震撼的喜马拉雅山的气势。

对自然的热爱使得拉比不愿意受到思想的束缚。所以，尽管他先后进过东方学院、师范学院和孟加拉学院，但学校的刻版教育却让他最终没有完成学业。但是父亲和哥哥姐姐的教育却让小拉比所接受的知识绝对不比受过全程教育的孩子少。

13岁的时候，拉比开始写诗了，他的诗歌从一开始就充满了爱国热情。到14岁的时候，还在老师的支持下，把莎士比亚的著名悲剧《马克白斯》翻译成了孟加拉文。拉比14岁翻译的这篇译文显示出了他对韵律和语法的纯熟应用技巧，受到老师的赞扬。

在泰戈尔的成长道路上，父亲给他做了最好的铺垫。正是这样一位尊重孩子愿望，又能及时地对孩子进行教育和引导的父亲成就了他的孩子们，当然也包括最出色的泰戈尔。

早熟的天才

　　1878 年，泰戈尔 14 岁的时候，在父亲和哥哥的支持下，赴英国留学。泰戈尔最开始学习的是法律。可是，他很快就发现，自己并不喜欢这个行业，于是，便转到了伦敦大学学习英国文学，并研究西方音乐。1880 年回国后，便一直坚持文学创作。

　　泰戈尔 13 岁就开始文学创作，相继发表了很多诗集，直到 1886 年泰戈尔的诗集《暮歌》、《晨歌》和《画与歌》，此外还有戏剧和长篇小说；1886 年，泰戈尔的诗集《刚与柔》出版，这是泰戈尔创作道路上一个新的起点，面对现实生活，他有了更为成熟理智的思考。1890 年，诗集《心中的向往》出版，这是泰戈尔第一部成熟的作品，同时属于他的独特风格也由渐渐地由这本诗集中展现出来。

　　在这一时期，他还写了两个剧本，即《国王与国后》和《牺牲》，剧本中体现了反对恢复婆罗门祭司的特权和落后的习俗这样的主旨。此后，他的许多著作和作品中也都不断重复着这样的思想："一个民族必须不断进步，决不能固步自封，更不容许倒退。"

　　《暮歌》写于 1880 年，泰戈尔从英国返回印度后。回到了自己熟悉的环境后，泰戈尔在英国所受到的精神压抑终于得到了舒解。他在创作上的才能也展露出来。《暮歌》收集了他在返回印度后的几个月里所写的诗歌。《暮歌》的整体格调是哀伤而又充满矛盾的。从一些诗的名字也可以看出来，例如《希望与失望》、《失败之歌》、《毒药》、《星星的自杀》、《欢乐的挽歌》、《不可容忍的爱情》等，既含有希望，又含有失望，精神在这种矛盾中承受煎熬，诗歌却在这种矛盾中得以成就。这本诗集的出版在当时成为孟加拉文化界的一件大事，比较熟练的写作技巧和充满感情的语言，使得这些诗作受到广泛的好评。

　　这段时间对泰戈尔来说，正是他所经历的把情感变成创作源泉的时期，那种在焦灼中期待的感情，都借由诗歌表达了出来。泰戈尔曾回忆这段思想经历："我们想象那时正在无缘无故的焦虑和漫无目的的渴求的地域之中漫游。"

　　只是，相对于泰戈尔以后的诗歌创作，《暮歌》还有很多不成熟的地方，感情表达得比较模糊，思想观点也不甚分明，水平也有高低之分。泰戈尔曾把它称作是自己掌握真正的诗歌以前写的。但是，这并没有影响到这本诗集在泰戈尔创作生涯上的重要意义。这些诗用泰戈尔自己的风格写成，具有开创的意味。同时，在后半部分中，也已经开始出现像《鸟之歌》、《河流的故事》、《春花的节日》等这样充满了生机的诗作，表达出作者希望走出封闭的隐逸生活，感受新生活、新世界的愿望。

　　在和哥哥住在苏德大街的那段时间，泰戈尔经历了一件令他久久不能忘记的奇事。那天早上，当他信步走到阳台上，看日出的时候，忽然发现这一天的日出景象和往常大不一样。在他的回忆录里，泰戈尔说道"美丽而欢快的波浪"，"好像要把我整个吞没似的"。奇妙的视觉冲击和心灵感受令泰戈尔对着那一轮初升的太阳如痴如醉，仿佛世间万物都突然间有了另一种含义。

　　这种奇异的景象和感受一连持续了四天，他把这种梦幻似的经历写成了一首诗，名叫《瀑布的觉醒》，收集在《晨歌》里。《晨歌》通常被认为是泰戈尔成为一个一流诗人的开端，诗集中充满了自然界中充满生机和活力的景象描写和心灵感悟。

　　晨曦逝去，转瞬间阳光普照。

　　在诗集的第一首诗中，诗人表达了自己要走出阴郁孤独状态的决心和勇气，对过去的精神状况做了批评。然后，第二首便是那首来源于奇妙感觉的《瀑布的觉醒》。那其实也是泰戈尔的觉醒。心仿佛被阳光照耀的冰川，渐渐融化了，冻结的感情变成了奔腾的河流并最终形成瀑布一泄千里。诗中对生活是一种新的感悟，充满了发现和热爱。对《晨歌》，泰戈尔曾有这样的回忆：

　　在童年，我与大自然曾经有过亲密而深透的思想交流……后来闪现出最初的青春热情，心灵要求得到自身的地位。与外部世界的这种自然的和谐一致被打断了，精神被束缚在这个内部世界之中。突然间，禁锢之门打开了，我重新发现了在童年失落的东西。事实上，我在《晨歌》中所发现的世界比我失去的世界更加丰富，更加充实。

从此，他的诗歌创作进入了另一种境界，这本诗集也受到了殷金·昌德拉·查特吉等一些重要的文学批评家、鉴赏家的重视。

1883年，在印度西南部的卡尔瓦，泰戈尔完成了他的第一部重要剧作《大自然的报复》（即《修道士》）。对这部剧作，泰戈尔后来在《回忆》中谈到：

伟大唯有在渺小中才能发现，无限只能见诸于有限，解脱唯有通过爱才能获得……在《大自然的报复》中，我们看到：一方面，村民们与行路人在为生活琐事而奔忙……另一方面，那位禁欲者舍弃了尘世的一切，包括他自己，而沉浸在他想象出来的茫茫无限之中。然而，爱跨越了鸿沟。隐士与那一家人相遇了。有限不再显得平凡琐碎，无限也不复空寂无聊。这个剧因而可以看作我的所有作品的一段引子。

泰戈尔的戏剧创作中，体现的是一种调和的基调。在他的眼里没有一无是处的角色，而主人公肉体上的死亡如果能够使人们获得对真理的理解，那么这种死亡也就不能称得上是悲剧。这种具有哲理性的思考在泰戈尔的《国王与王后》剧作中体现得更为明显。泰戈尔最受好评的剧作应该是《牺牲》了，它被认为是印度文学史上最伟大的剧作。它的情节曲折但却脉络清晰，情节在各个具有明显标记的阶段展开；剧中人物众多，但每个人物都具有独特的个性。戏剧以在权力和毁灭女神迦利神像前献祭开始，又以女神的盲目崇拜者拉古帕迪扔掉神像告终。戏剧在矛盾中获得统一，同时又暗含着政治寓义，对人类革命有着某些暗示。

走向世界

1884 年，泰戈尔离开加尔各答，到乡村里去管理祖传的田产。在这一段时间里，他和乡村里的农民有了很多的接触，了解了他们的生活和思想，对于社会现状有了更深的认识。

管理田产，像祖父和父亲那样做一个地主或商人，并不是泰戈尔的理想，他的理想是从事教育事业。所以，1901 年，泰戈尔在孟加拉博尔普尔附近的圣地尼克坦创办了自己的学校。这所学校，因为泰戈尔的关系，后来成为世界有名的国际大学。

1905 年以后，印度的民族运动愈演愈烈，孟加拉人民和其它各地人民都起来反对印度分割孟加拉的决定，由此引发了印度人民轰轰烈烈的反帝爱国运动。泰戈尔积极参与到这项运动中去，用自己的文字作武器，写出了很多爱国诗歌。

但是，后来领导运动的一些领袖主张焚烧英国货物，直接对英国人进行直接的抗拒、言语攻击等。泰戈尔却认为这种所谓的"直接行动"并不能真正地解决问题。他主张人们应该通过自己"建设性的工作"来改变社会现状。比如，泰戈尔建议人们可以到农村发展属于农民自己的工业，把生产能力提高上去，消除贫困和落后带来的与西方差异等等。泰戈尔的主张并没有受到群众的理解和支持，相反还受到了一些领导人的反对。出于"道不同，不相为谋"的心理，泰戈尔满怀失望地退出了运动，在很长的时间里，一心致力于文学创作，远离了政治的风暴。

1915 年，泰戈尔结识了印度国大党的领导人甘地。虽然，之前泰戈尔就同国大党有着联系，并曾参加过国大党的代表大会，但关系并不是很亲厚。泰戈尔与甘地的这次会面，在后人眼里具有着重大的意义。因为这两个人都是印度史上的巨人，一位是印度民族的英雄，一位是世界级的文学家，都给印度带来了至高无上的荣誉。

泰戈尔和甘地的思想并不一致，但是，**此后他们保持了较深厚的私人友谊**，相互尊重对方，并在道义和社会活动中给予对方相互支持。对于他们之间的分歧，两人也从不回避。

1916 年，泰戈尔去了日本。他对日本这样的国家有着较大的兴趣，认为它是一个充满生机和活力的国家。离开日本后，泰戈尔又去了美国。美国之旅却让泰戈尔并不开心。在美国，他以"国家主义"为题作了很多次报告，反对东方和西方的"国家主义"。**美国的民族歧视令泰戈尔非常反感，反以他对美国也没有好感**。而因为他的报告和种族，美国的报纸和侦探也经常给他找麻烦。

在这次访美之后，泰戈尔还去过几次美国，只是情况越来越糟。直到1929 年，泰戈尔在访问加拿大后再次去美国，结果遭到了美国移民局官员的扣留和盘问。此后，泰戈尔再也不去这个令他讨厌的国家了。

1919 年的"阿姆利则惨案"中，英国军队开枪打死了 1000 多名印度平民。英国人的野蛮行径令泰戈尔非常气愤。**他给印度总督写了一封义正辞严的信**，对英国的行为进行强烈抗议，并发表声明放弃英国国王给他的"爵士"称号。泰戈尔对英国国王的这种"不敬"，使得英国人对泰戈尔产生了种族感情上的疏远。

1924 年，泰戈尔来到了中国。对于这个神秘的东方大国，泰戈尔一直心存好奇。当时的中国人还正处于水深火热之中，泰戈尔同情中国人民，并曾经写文章斥责英国殖民主义者对中国所进行的鸦片贸易。对中国的访问令泰戈尔更加多地接触到了中国的社会现状，也更加了解了中国的伟大和脆弱。

1930 年，泰戈尔看到了另一个社会形态的国家，那就是年轻的社会主义国家苏联。这里的一切都令泰戈尔感到新奇和兴奋，这仿佛就是他所追求的理想的社会。于是，泰戈尔写下了歌颂苏联的《俄罗斯书简》。他想要把苏联在他心中所形成的美好印象传播到印度去，并盼望着印度也能成为像苏联那样的国家。苏联所带给泰戈尔的震动，令泰戈尔直到 80 岁生日时，还在他的文章中赞美苏联的成就。社会主义始终在泰戈尔的心中保持着对它的向往，别人对社会主义和苏联的攻击丝毫没有影响到他的观念。

1934 年，意大利法西斯军队发动了侵略阿比西尼亚（埃塞俄比亚）的战争，泰戈尔得到消息后，立即对意大利的行为进行了严厉的谴责。1936年，西班牙爆发了反对共和国政府的叛乱。泰戈尔站在共和国政府的立场上，对法西斯头子佛朗哥的倒行逆施进行了批判。

1938年，德国法西斯侵略捷克斯洛伐克，泰戈尔写信给在那里的朋友，对捷克斯洛伐克人民给予支持和关怀。1939年，德国法西斯发动世界大战以后，他又应欧洲朋友的邀请，写文章对德国的侵略行径进行了谴责。

泰戈尔是一位和平的爱好者，始终对法西斯侵略弱小国家的行为深恶痛绝。对于受苦受难的中国人民则抱着深切的同情的希望。泰戈尔也因此成为了中国人民的好朋友。

荣获诺贝尔奖

　　1912 年春夏之间，泰戈尔从自己的孟加拉文诗作中选择了一部分翻译成英文散文诗集《吉檀迦利》，并在当年于伦敦出版。也正是这部英译本的《吉檀迦利》使得泰戈尔成为世界级的文学大师。这部诗集出版后，迅速在世界各地传播开来，成为泰戈尔最著名的一部英文散文诗集。

　　这部诗集中共收录了 103 首诗歌，分为序歌、主歌和尾声，有 50 多首译自孟加拉文的《吉檀迦利》，其它的分别选自泰戈尔的《奉献集》、《渡口集》、《怀念集》和《歌之花环》等。在对这些诗歌进行翻译的时候，泰戈尔舍弃了原来的格律，把它们翻译成散文诗的形式，但却保留了其情韵。它的名字"吉檀迦利"是献歌的意思，里面也有很多的宗教诗，是属于用颂神的形式表达"爱"的情感主题，所以也可以说它是一部爱的献歌。

　　《吉檀迦利》一经出版就受到了西方读者的热捧，瑞典著名诗人凡尔纳·冯·海顿斯特拉姆说，读《吉檀迦利》"就像饮了一口清澈凉爽的泉水"。冰岛著名作家哈多尔·拉克斯内斯在谈到集中的诗歌在他思想上产生的影响时说："……《吉檀迦利》的形式和韵味都给人以一种见所未见、闻所未闻的奇花异葩的印象……那位伟大的朋友，那个可爱的恋

加尔各答大学中的泰戈尔石像

143

人，那个泛舟河上弹奏琵琶的陌生人——泰戈尔的神是多么令人敬慕啊！"在这些人的眼中，泰戈尔的《吉檀迦利》开辟了"一个崭新的诗歌体系。"

而印度国内人对这部诗歌的喜爱，则更多地来自诗歌本身令人回味无穷的诗句。诗中对自然美景的描绘，无论是春天、还是雨季，月夜还是阳光明媚的白天，都令人感觉到诗人对大自然的亲近和相互间的交流。

泰戈尔的这部诗集包含了深刻的哲思，对生命的歌唱。例如在第 4 首诗中，泰戈尔写道：

我生命的生命，
我要保持我的躯体永远纯洁，
因为我知道你的生命的摩抚，
接触着我的四肢。
我要永远从我的思想中摒除虚伪，
因为我知道你
就是那在我心中燃起
理智之火的真理。
我要从我心中驱走一切的丑恶，
使我的爱开花，
因为我知道你在我的心宫深处
安设了座位。
我要努力在我的行为上表现你，
因为我知道
是你的威力给我力量来行动。

在第 35 首诗中，诗人描绘了一个平等和睦、人民幸福的"自由天国"：

在那里，心是无畏的，头也抬得高昂；
在那里，知识是自由的；
在那里，世界还没有被狭小的国家的墙隔成片断；
在那里，话是从真理的深处说出；

在那里，不懈地努力向着"完善"伸臂；
在那里，理智的清泉没有沉没在积习的荒漠之中；
在那里，心灵是受你的指引，走向那不断放宽的
思想与行为——进入那自由的天国，
我的父呵，让我的国家觉醒起来吧。

诗集的第 57 首则是诗人对光明的热情礼赞：

光明，我的光明，充满世界的光明，
吻着眼目的光明，
甜沁心腑的光明！
呵，我的宝贝，
光明在我生命的一角跳舞；
我的宝贝，
光明在勾拨我爱的心弦；
天开了，大风狂奔，
笑声响彻大地。
蝴蝶在光明海上展开翅帆，
百合与茉莉在光波的
浪花上翻涌。
我的宝贝，
光明在每朵云彩上散映成金，
它洒下无量的珠宝。
我的宝贝，
快乐在树叶间伸展，
欢喜无边。
天河的堤岸淹没了，
欢乐的洪水在四散奔流。

在第 60 首诗中，泰戈尔对孩子的纯真可爱给予了歌颂：

孩子们在无边的世界的海滨聚会。

头上是静止的

无垠的天空，

不宁的海波奔腾喧闹。

在无边的世界的海滨，

孩子们欢呼跳跃地聚会着。

他们用沙子盖起房屋，

用空贝壳来游戏。

他们把枯叶编成小船，

微笑着把它们飘浮在深远的海上。

孩子们在世界的海滨做着游戏。

……

孩子们在无边的世界的海滨聚会。

风暴在无路的

天空中飘游，

船舶在无轨的海上破碎，

死亡在猖狂，

孩子们却在游戏。

在无边的世界的海滨，

孩子们盛大地聚会着。

对于母爱，泰戈尔同样唱起了赞歌：

当我送你彩色玩具的时候，

我的孩子，

我了解为什么云中水上

会幻弄出这许多颜色，

为什么花朵都用颜色染起

当我送你彩色玩具的时候，

我的孩子。

当我唱歌使你跳舞的时候，

我彻底地知道为什么树叶上响出音乐，
为什么波浪把它们的合唱送进静听的
大地的心头
当我唱歌使你跳舞的时候。
当我把糖果递到你贪婪的手中的时候，
我懂得为什么花心里有蜜，
为什么水果里隐藏着甜汁
当我把糖果递到你贪婪的手中的时候。
当我吻你的脸使你微笑的时候，
我的宝贝，
我的确了解晨光从天空流下时，
是怎样的高兴，
暑天的凉风吹到我身上的是怎样的愉快
当我吻你的脸使你微笑的时候。

　　读《吉檀迦利》，感受到的是一种宁静。虽然都是一些很常见的自然景物和人物，却被泰戈尔赋予了各种各样的奇思妙想，用一种美妙的诗的语言表现出来。英国评论家叶芝为《吉檀迦利》写了序言，称诗中那种极端纯粹的质朴，正是这本诗集的灵魂。

　　1913 年，凭借这部《吉檀迦利》，获得了诺贝尔文学奖，成为世界上第一个获此殊荣的亚洲人。这部诗集的成功也极大地鼓舞了泰戈尔把自己的诗歌传播到世界上的每个角落。此后，他又陆续翻译出了多部散文诗。像我们所熟知的《新月集》、《飞鸟集》等，更是受到世界各地人们的喜爱。

最后的秋天

泰戈尔是一位多才多艺的作家，也一位高产的作家，在很多领域都取得了很高的成绩。

泰戈尔的创作成果非常惊人，能有如此超高创造力的文学家，在世界文学史上都是屈指可数的。

从13岁左右，泰戈尔就开始写一些符合格律的诗，一直到81岁去世前的一个星期还写下了最后一首诗。除了诗歌，泰戈尔最喜欢的是音乐，一生中写了上千首的诗歌，1200多首歌词，还自己为其中的大多数歌词谱了曲。在孟加拉的乡下，无论是农民还是船夫，都会唱着泰戈尔的诗作和歌曲。除了13世纪的阿米尔·库期洛曾经在音乐和诗歌两个领域都取得了很高的声誉外，泰戈尔是第二人。但是，泰戈尔的成就又不止在这两方面。

泰戈尔一生写了38部戏剧，有悲剧、喜剧、谐剧、寓言剧、舞剧、独脚戏，这些戏剧是泰戈尔对戏剧文学的巨大贡献。泰戈尔不仅创作，还自己导演这些戏剧，甚至扮演过其中的角色，还担任过舞蹈音乐的指挥。

泰戈尔还先后完成了12部中长篇小说，100多个短篇小说。67岁时，泰戈尔又重新对绘画产生了兴趣。虽然，在父亲对他的教育中，绘画是给他的最早的一门课，但以前的泰戈尔对绘画并没有太多的热情。除了对色彩比较敏感外，并没有把绘画当成一回事。67岁以后，泰戈尔捡起了画笔，在人生的最后12年里，开始醉心于绘画，并留下了1700多幅绘画作品。

泰戈尔把他的思想和感情都融入到他的诗、歌、画等的创作中，才智和艺术和谐地统一起来，文学与哲学美妙地融合。在他的作品中，体现的是一种身为文学家、艺术家的社会责任感。

泰戈尔整整影响了印度一代的作家，使他们都受到了泰戈尔文风和理念的影响，打上了泰戈尔的的印记。所以，有人称那个时代的印度文学家创作的是"泰戈尔的印度文学"，这种说法已被广为接受。而泰戈尔所影响的又不仅仅是印度文学，他对世界文学都产生了重要影响。印度文学对于世界文学一直有着较深远的影响，而在世界的近代和现代文学史上，泰戈尔是印度甚至是东方国家在世界范围内产生最大影响的一个人。

1941 年 8 月 6 日，在加尔各答的祖宅里，一代文学臣匠泰戈尔平静地走完了他波澜壮阔的一生，终年 81 岁，也是文学史上，有名的高寿的作家。泰戈尔离开人世后，当地成千上万的市民起来为他送葬。国外的人们得到消息后，也纷纷自发地组织悼念活动。在中国，当时的北京、上海、广州、南京等地的报刊都发表了许多相关文章，表示中国知识分子和泰戈尔的中国读者对他的深切悼念和缅怀之情。

泰戈尔的一生是光辉灿烂的。在政治立场上，他爱好和平，始终站在正义的一边，对各种非正义的侵略和分裂行为都进行了坚决的斗争。而在家庭中，他又是一位对妻子忠诚的丈夫，对儿女慈爱的父亲。

泰戈尔的妻子，穆里娜莉妮·黛薇，比他小 12 岁。在泰戈尔 22 岁的时候，迎娶了黛薇。虽然，黛薇长得并不算出众，也不识多少字，但却在此后的 20 年间细心地照顾着泰戈尔的生活起居。为泰戈尔抚育了 5 个孩子，还自学了孟加拉文、英文和梵文。在泰戈尔的指导下，黛薇用孟加拉语改写了梵语的简本《罗摩衍那》。

黛薇夫人用她的一生精力照顾泰戈尔的生活，更努力地追求在精神上缩短与丈夫的距离，成为他工作中的助手。黛薇夫人曾出演泰戈尔导演的《国王与王后》的演出，还在泰戈尔创办的桑地尼克坦学校发生经济困难时，捐出了自己所有的首饰。

黛薇夫人的努力赢得了泰戈尔的尊重。在黛薇夫人生命的最后时间，泰戈尔始终陪在他的身边，给她扇着扇子。妻子病逝后，泰戈尔悲痛不已，先后写了 27 首诗纪念亡妻。

在无望的希望里，

泰戈尔故居

我在房里的每一个角落找她；
我找不到她。
我的房子很小，
一旦丢了东西就永远找不回来。
但是你的房子是无边无际的，
我的主，
为着找她，
我来到了你的面前。
我站在你薄薄金色的天穹下，
向你抬起渴望的眼。
我来到了永恒的边涯，
在这里万物不灭——无论是希望，
是幸福，
或是从眼泪中望见的人面。
呵，把握空虚的生命浸到这海洋里吧，
跳进这最深的完满里吧。
让我在宇宙的完整里，
感觉一次那失去的温馨的接触吧。

　　对孩子们，泰戈尔也是同样满怀父爱。他的女儿患病时，泰戈尔亲自抬着担架，行走二三十里路，送女儿回加尔各答。对遇到的其他人也都是平和亲切的，常常给大家讲笑话。出身地主阶层的泰戈尔却对下层的人民有着深切的同情，对他们都是平等地对待。而对自然界中的小动物也会抱有同情。泰戈尔所有的这些品德，都令他赢得了世界人民的爱戴。

　　泰戈尔是印度荣誉的守护者，圣雄甘地曾把泰戈尔比喻成"伟大的哨兵"。他的思想，已经超过了单纯的文学的范围。在世界历史上，泰戈尔作为一个思想家的重要地位，也越来越得到人们的重视。在泰戈尔所生活的年代，不管是印度，还是世界其它国家都在发生着翻天覆地的变化。而泰戈尔却用他的文字，守望护着仁爱、欢乐、自由与和谐的一方天地，是人们心目中集哲学家、思想家、诗神、美神与一体的化身。

十、 塞万提斯

　　塞万提斯，全名米盖尔·德·塞万提斯·萨阿维德拉（1547—1616），西班牙人。塞万提斯的一生是艰苦奋斗的一生。他参加过西班牙保卫国家的海战，在战争中英勇奋战，并多处负伤，还失去了左手。此后，他被海盗俘虏到阿尔及尔，过了5年被奴役的生活。其后，多次因命运的捉弄被官司纠缠，终生潦倒。但也正是这种饱受磨难的人生经历，成就了他的文学才华。他的小说《堂·吉诃德》被誉为世界上最后一部"骑士小说"，塞万提斯本人也被誉为文艺复兴时期西班牙的小说之父。

出身与少年时期

1547 年，塞万提斯出生于西班牙中部的马德里省，一个叫阿尔加拉·德德·恩勒斯的镇子。具体的生日已经不能知道了，有记录的是，10 月 9 日，他的父母抱着他到附近的圣玛丽亚教学施洗，教学的登记薄上留下了日期和他的全名：米盖尔·德·塞万提斯。

塞万提斯的祖父叫胡安·德·塞万提斯，曾做过律师，是个没落的贵族。塞万提斯的父亲罗德里戈是个大夫。但是，医术却并不高明，而且自己又患有严重的耳聋病，没有什么客人上门。全家人的生活主要就靠塞万提斯的母亲莱昂诺尔·德·科尔蒂纳精打细算。一家人的生活可想而知。

塞万提斯是这个贫困家庭的第 4 个孩子。此后几年，科尔蒂纳又陆续生下了 3 个孩子，生活过得更艰辛了。为了生存下去，罗德里戈只得带着一家人不断地搬迁。他们在 1554 年住在瓦雅多利德，1561 年迁往马德里，1564 年又迁往塞维尔。在这期间，罗德里戈还曾因为还不起欠别人的钱而被控告。

罗德里戈家里虽然贫困，但他却是个不切实际的人。因为祖上曾经是贵族，也出过当官的人，所以，他总是一有时间，就给几个孩子们讲那段光荣的历史。几个孩子也听得津津有味。期间，塞万提斯有机会看过洛贝·台·鲁厄尼达的短剧演出，这对他日后从事文学艺术活动产生了一些影响。

1566 年，罗德里戈听说西班牙宫廷由托雷多迁到了马德里，再次燃起了希望。带着全家人又搬到了马德里。塞万提斯因为聪明伶俐，很受父亲的喜爱。所以，虽然，家里很穷，罗德里戈还是决定节衣缩食，把塞万提斯送进了学校。

1568 年，塞万提斯进入了马德里的中学接受教育。受到了当时有名的拉丁文学者胡安·洛波斯·台·奥约斯的影响，塞万提斯学习很勤奋。不仅跟着老师学习，还不断进行自学。他喜欢读书，"哪怕在街上遇到带字的烂纸也要拿来读"。西班牙的王后去逝后，塞万提斯写了一首十四行的诗来悼念，受到了老师奥约斯的特别夸奖，塞万提斯受到鼓励，以后更加喜爱学习了。

塞万提斯的上进令父亲非常欣慰，也许塞万提斯能够光宗耀祖也说不定，可是自已家中的条件实在不能给他提供更好的帮助了。塞万提斯心里也存着年轻人的锐气，希望能做出一番成就来。他有着很多美好的理想，可是又受到现实的束缚，变得敏感而脆弱，而这些感情的折磨，也为他成为一个著名的作家打下了准备。

塞万提斯终于等来了一个机会。原来，罗马教皇派了一个年轻贵族作为特使，前往西班牙向堂·卡洛斯王子的逝世致哀。这位特使受贵族风气的影响，对文学艺术很感兴趣。这位名叫阿括维瓦的特使离开西班牙时，需要一个侍从。因为塞万提斯的那十四行诗，以及老师奥约斯的推荐，阿括维瓦选择了塞万提斯跟随他。于是，1569 年 12 月，塞万提斯离开了祖国西班牙，前往意大利的罗马。罗德里戈一家对这件事情激动不已，附近的人家也都对他们尊重起来。塞万提斯在人们眼中已经有了一个光明的未来。

在意大利

意大利是欧洲文艺复兴运动的发源地，在这里，文艺复兴的各种振奋人心的消息都在集合着。

波波兰人哥白尼创立的"日心说"，使整个罗马教会陷入了恐慌。意大利人布鲁诺和伽利略在数学、物理学、天文学上做出创造性的贡献，引来了宗教界深深的恐惧和痛恨。哥伦布和西班牙麦哲伦对新大陆、新航线的发现，彻底否定了教会"地球中心说"的宇宙观，为地圆说提供了无可反驳的证据。

在社会政治思想上，意大利人康帕内拉和英国人莫尔提出了空想社会主义学说，给"君权神授"论带来了强烈冲击。

而在艺术领域，涌现出达·芬奇、米开朗琪罗、拉斐尔等杰出画家，充满生气的写实风格代替了传统的虚幻艺术传统。在文化领域，更是人才辈出。但丁的《神曲》、薄伽丘的小说《十日谈》，法国人拉伯雷的小说《巨人传》以及莎士比亚的戏剧等等。有人说："那是个需要巨人并产生了巨人的伟大时代。"

年轻的塞万提斯就是到了这样的一个伟大时代的中心。意大利文学、艺术、绘画、雕刻、建筑和科学等领域都呈现了欣欣向荣的局面。作为红衣主教胡利奥·阿括维瓦的侍从，塞万提斯也参与了一些上流社会的社交活动，接触到了很多有名的文人，丰富了见闻。而阿括维瓦大量的藏书，也让塞万提斯丰富了知识。之后，塞万提斯还到过意大利的佛罗伦萨、米兰、巴勒尔摩、威尼斯等许多文化名城。这一段时间的经历是塞万提期一生中极为宝贵的财富。

塞万提斯在意大利的主要工作是教授西班牙语。除此之外，他就开始利用空余时间写一些赞美罗马的诗篇，还开始创作一部田园小说。这段时光是充实而快乐的。但是，宫廷的时间长了，塞万提斯就感觉到无法适应了。那些虚伪的礼节和阿谀奉承的恶习都令他反感。而其他的一些年轻侍卫也觉得塞万提斯的书生气显得软弱可欺，常会给他找些麻烦。后来，塞万提斯终于发怒了，一下子就惊到了那些人，塞万提斯几乎因此被逐出宫廷。

正在此时，信奉伊斯兰教的土耳其人集结了大量海军，开始进攻周围信奉基督教的国家。西班牙、罗马教廷和威尼斯共和国组成联合舰队，在联军统帅堂胡安的带领下，要同土耳其人进行坚决的斗争。

年轻的塞万提斯毫不犹豫地报名参加战斗。1570 年，塞万提斯成为西班牙驻意大利海军中的一员。在这里，他遇到了自己的胞弟罗德里戈。继承了父亲名字的罗德里戈，比塞万提斯小 3 岁，但已经入伍好几年了。

不久，塞万提斯以志愿军的资格开始在米盖尔·达·蒙卡太联队中服务。9 月 6 日，将士们登上"侯爵夫人号"，10 月 7 日，这场历史上著名的保卫祖国的雷邦多海战打响了。当时，塞万提斯正在发高烧，但他却不顾自己的身体坚决请求参战。舰长命令他休息时，他却说："我宁愿为王后战死，也不愿躲在船舱里偷生。"他对舰长请求道："舰长先生，请您允许我到最危险的岗位上去，我一定会坚守到底，直到流尽最后一滴血。"

塞万提斯的爱国热忱令舰长很感动，对他委以重任。就这样，塞万提斯带病参加了这场战斗，并率先登上敌舰，英勇搏杀。这场战争最后，基督教联军取得了胜利。塞万提斯在战斗中受了三处重的枪伤，胸口两处，左手一处，但他坚持用一只手装填弹药，直到战斗取得胜利。10 月 30 日，塞万提斯在墨西纳医院做了手术，从此失去了左手，成为残疾人。塞万提斯却一点都不伤感，反而对前来看望他的朋友们自豪地说："伤口很美，因为这是最好的纪念章，我是在空前伟大的时刻受的伤。"

但是，左手残废，如果退役的话就会失去谋生的能力。而且战争还没有结束，所以，塞万提斯又于 1572 年 4 月转入了另一支联队，并参加了 10 月 7 日的拉瓦列诺海战，1573 年这支部队驻扎在那不勒斯，塞万提斯又以加了 1573 年 10 月 10 日攻占突尼斯的战役。塞万提斯在那不勒斯服役长达 3 年之久。

塞万提斯的英勇顽强令官兵很受鼓舞，战争胜利后塞万提斯也受到了所有人的敬仰。1575 年 6 月，基督教联军统帅，奥地利的堂胡安来到那不勒斯，亲自接见了塞万提斯，为他的英雄事迹感动不已。这位卡洛一世的私生子亲笔写了一封推荐书给塞万提斯，让他呈交给西班牙国王腓力普二世，回国请功。

为了表示对西班牙人民的英勇战士的嘉奖，西西里总督珊沙公爵也给了塞万提斯类似的保荐信。1575 年 9 月 26 日，塞万提斯带着这两封信，乘"太阳号"兵舰从那不勒斯启程回国。出于对塞万提斯的恩待，他的弟弟罗德里戈也被批准陪同塞万提斯一起回故乡探望父母。此时的弟兄两人，心里想的是衣锦还乡，却不料灾难就在前面的路上等着他们。

雷邦多战役中，基督教联军取得了胜利后，内部却出现了矛盾。西班牙的国王腓利普二世嫉妒弟弟堂胡安在战争中赢得的威望，有意对军队的后援工作进行拖延，这就给了战败的土耳其舰队重整旗鼓的机会。半年的时间内，土耳其人又聚集了一支新的舰队进犯地中海，而腓力普二世却迟迟不肯下令，直到9月才下令舰队迎敌。而此时，天气已冷，舰队遇到了风暴，无法作战，只能中途返回。

而就在这时，作为基督教联军中一员的威尼斯共和国单方面与土耳其进行议和，同意割让塞浦路斯岛为条件，撤出战争。威尼斯共和国的撤出，瓦解了基督教联军，联合舰队不复存在。这种情况，使得土耳其海盗日益猖獗出来。

1575年9月20日，正在"太阳号"上满怀回家的欢喜心情的塞万提斯兄弟忽然听到了一阵警报声。等他们反应过来的时候，才发现，"太阳号"的周围已经围上了三条海盗船。船上的人自然不甘成为海盗的俘虏，与海盗进行了激烈的战斗。但是，整整一天过后，"太阳号"终于弹尽粮绝，逃不出海盗的魔掌了。塞万提斯兄弟见没有别的办法，只好先当俘虏，再寻找逃生的机会。

当俘虏的岁月

海盗们把俘虏瓜分了，让他们去当苦工，并写信给家属花钱把他们赎回。塞万提斯兄弟分别属于两个海盗。而"拥有"塞万提斯的这个海盗名叫达利·玛米。这个贪婪的人发现了塞万提斯怀中的那两封信，所以，他坚信塞万提斯是一个身家很厚的贵族。给他免除了劳役，让他写信给家人赎身。

为了防止塞万提斯逃跑，达利·玛米用镣铐锁住塞万提斯的手脚，把他关在一间黑暗、潮湿的牢房里，派专人看守，就等着大笔的赎金到来。可是等了很长时间，也没有赎金的消息。看守的人放松了临管，塞万提斯可以到市场上进行活动，见见阳光了。这个奴隶市场的真实面貌也展现在塞万提斯的眼前。

成千上万的人被俘后沦为奴隶，过着最卑贱的生活，毫无尊严可言。对于一个有思想的年青人，曾经在战争中浴火奋战的勇士，这样的生活对塞万提斯精神上的打击是很大的。他绝对地不甘于被奴役。在夜晚的静寂中，他所受到的煎熬也是最严重的。

此时，他不能依靠别人。家里的穷困是他自小就深深知道的，绝对不可能拿得出比别人高出五六倍的赎金。所以，要想摆脱被奴役的命运，只有依靠自己逃出去。

塞万提斯被关押的这个地方是个名叫阿尔及尔的非洲海岸城市，是土耳其海盗进行财富和俘虏交易和一个据点。在不到 10 万人口的阿尔及尔市，有 3 万人都在从事海盗勾当，2.5 万人是信奉基督教的俘虏。因为对基督教教徒的宗教敌对，信奉基督教的人被俘虏到这里后都会被关进俘虏营里等待家人来赎身，或是给有钱的阿尔及尔居民的家奴。

一旦被俘到这里，很多人就再也没有了享受生活的希望，有的只是永无止境的劳役，远比一些原本就贫穷的人所经历的还要痛苦。能够有家人来赎的仅是一少部分，大多数的人，就在这里被榨干最后一丝力气。

阿尔及尔奴隶主对俘虏的处罚也非常严厉，轻者割掉鼻子或耳朵，重的吊在树上，施以各种残酷刑罚，甚至把俘虏钉在尖木桩上，用较粗的木桩穿透内脏，让人一点一点在痛苦中死去。

不能在这种地方坐以待毙，一定要逃出去。塞万提斯下定了决心，而且还要约定同胞一起逃。根据记载，塞万提斯在 5 年中一共策划过 3 次逃跑，但虽然计划还算周密，结果却都失败了。

第一次，他约了 11 名西班牙俘虏，包括弟弟罗德里戈。他们打算翻过几十里山岭，逃到奥兰。这是一条很难走的山路，而且山里有野兽出没。几个人出发了，他们带上偷偷准备好的食物，躲开奴隶主的监视，离开了阿尔及尔市，向山上行进。一切都没有问题，他们顺利地进入了山中，光明似乎已经可以看到了。

然而，没过多久，他们遇到了最大的问题，他们在山中迷路了。虽然，之前已经考虑到这种问题，请了一位摩尔族脚夫作向导，可是向导此时也没了办法。为了找到路，塞万提斯让大家留在原地，只身前去探路。可是，大家很快就在焦虑中散开了。塞万提斯回来后，直等到太阳下山，也没等到向导回来。没办法，只能带着大家返回。塞万提斯的第一次逃跑计划就这么失败了。

在奴隶主面前，塞万提斯主动承担了所有过错。由于没什么损失，所以那些奴隶主原谅了他们，只是把塞万提斯关了一段时间的禁闭，此后加强了对他的看管。

1577 年的春天，两个教士来到了阿尔及尔，找到了拥有塞万提斯兄弟的奴隶主。原来是塞万提斯的父母得到消息后，凑出了 300 克朗，嘱托这两位教士来赎回他们的儿子。不过，终于等到了赎金的达利·玛米却觉得塞万提斯的价值远远要高出这 300 克朗，不同意放塞万提斯。

最后，兄弟俩商量后，用这 300 克朗先把罗德里戈赎回去，照顾父母。罗德里戈走了以后，经不起塞万提斯折腾的玛米以 500 克朗的价格把塞万提斯转卖给了哈桑·巴帅。塞万提斯是才出狼窝又入虎穴。他偷偷地给西班牙的首相写了一封信，希望西班牙能派兵攻打阿尔及尔，解救西班牙被俘的同胞。可是，却没有被西班牙的国王采纳。

　　1578 年，塞万提斯又偷偷写信给奥伦的市长，希望能把他解救出去。结果，这封信还没寄出去，就被哈桑发现了。恼怒的哈桑立即决定要给塞万提斯以严惩，打他 2000 大棍。真要打了，塞万提斯的命也就没了。后来，因为某些未知的原因，这顿棍子并没有打下来。

　　在这里，塞万提斯认识了总督的一个名叫胡安的私人奴隶，负责替总督看管一个海滨花园。在塞万提斯的说服下，胡安利用花园的荒僻隐蔽，替塞万提斯藏了好几十名逃奴，他们打算买条小船回到西班牙。这些人在一个山洞里生活了 4 个月，食物由塞万提斯设法寻觅，交给一名皈依了基督教的年轻海盗艾尔·多拉送到花园交给胡安。

　　1577 年 9 月 20 日夜晚，这些逃奴把小船放入水中，却被海面上夜里捕鱼的摩尔人发现了，惊呼起来，逃奴们只好又躲回了山洞。这次受的惊险，把艾尔·多拉吓坏了，他怕被总督发觉，自己受到惩罚，所以，第二天一早就向总督告密了。

　　无缘无故消失了那么多奴隶，奴隶主们早就恼怒不已了。总督知道这件事之后，立即下令把这些藏起来的逃奴全部抓起来了。哈桑总督决定要好好地惩罚他们，把他们叫到面前，打算一个一个地审问。这时，一个面容消瘦的俘虏走到前面，毫不畏惧地看着哈桑，向他承认是自己主谋。哈桑总督被他无畏的气势吓到了，竟然不敢对他下手，反而把怒火发泄到园丁胡安身上。他下令把胡安倒挂在一棵树上，直到死去还不肯放过他，直到把胡安的尸体吊了一个礼拜才罢休。哈桑对朋友说："只要把这个残废西班牙俘虏看牢，整个阿尔及尔的安全就有了保障。"

　　这次逃跑失败后，塞万提斯依然没有放弃重获自由的追求。他给一玛特奥·巴斯克斯，时任西班牙国王秘书的一个老同学写信，讲述自己的经历，请这位同学劝国王出兵阿尔及尔。并说，如果大军到了，所有的俘虏都会响应，把这个海盗的窝点捣毁。

　　但是，西班牙的国王正忙着压取葡萄牙及其属地，怎么有时间管他们这些俘虏的死活？所有的贵族们也只会勾心斗角，争权夺利。这封信最终又是石沉大海了。

　　一年后，两个西班牙的商人知道了塞万提斯的事情后，对他的勇气很佩服，愿意提供一条船，把塞万提斯等五六十名俘虏送回西班牙的海岸。塞万提斯计划趁着 1578 年 9 月 29 日当地庆祝伊斯兰教斋月结束时，人比较混乱，带领这些人混出城，在哈拉河畔等候船只。

然而，塞万提斯却没有料到，一个名叫勃朗科·德巴斯的西班牙多明我会修士，出于嫉妒，存心破坏塞万提斯的计划。他以西班牙宗教法庭驻阿尔及尔代表的身份，在得知塞万提斯的计划后，提前两天向总督告密。

提供商船的人得知后，为了安全起见，想要让塞万提斯一个人先逃走，并给他提供帮助。但是，塞万提斯却不愿意一个人走，坚持要带着大家一起逃，所以谢绝了商人朋友的帮助，并表示不会连累他人。

塞万提斯先躲在一个鞋匠的地窖里休息了几天，听说总督在搜捕他，为了不连累鞋匠，自动来到总督面前。面对各种严刑拷打，塞万提斯始终咬定同谋是已经逃回西班牙的 4 名俘虏，和其他人没有关系。总督审问很久，也拿他没有办法。只好再次把他关到了牢房里。

塞万提斯的英勇事迹被当地的西班牙商人相互传颂。塞万提斯的父母在他被俘的这些日子里，也从来没有放弃过努力。他们四处奔走，向人求救，可是却没有什么人肯帮助他们。直到1580 年，他们才终于通过省吃俭用，凑够了 600 杜加，交给去阿尔及尔赎回俘虏的胡安·吉尔神父。

然而，贪心的哈桑，却要加到1000 杜加才能放塞万提斯。此时，他已经卸任，马上要离开阿尔及尔了。他说，如果达不到他的要求，他就会把塞万提斯带到君士坦丁堡去。好心的胡安·吉尔神父向当地的西班人商人借来一笔钱，终于凑够了赎金。1580 年 9 月 19 日，被俘 5 年之久的塞万提斯终于结束了他的被奴役生活。

卖文为生的日子

命运并没有从此善待塞万提斯。就在他离开阿尔及尔之前，曾经和他作对的多明我会修士勃朗科·德·巴斯又开始四处散播流言，称塞万提斯在被俘期间的表现辱没了基督教徒的身份。这样，塞万提斯回国后可能就会受到宗教法庭的审判。

勃朗科·德·巴斯的行径令这些知情的人都非常气愤，包括前来赎回塞万提斯的胡安·吉尔神父。在神父的主持下，12名居住在阿尔及乐的商人绅士为塞万提斯写了一份证明，其中记述了塞万提斯在被俘期间3次越狱的英勇事迹。正是这份证明，才使后人了解到塞万提斯这一段苦难而坚贞不屈的经历。

回到西班牙，迎接塞万提斯的是一如既往的贫困。家里为了救出他们兄弟两个，几乎已经倾家荡产了。原来曾经非常赏识塞万提斯的堂胡安统帅此时已经去世。作为参加过著名的雷邦多海战的老兵，塞万提斯在战争和被俘期间的英勇表现，并没有得到政府的特殊照顾，连当一名下级军官的希望也落空了。最后，塞万提斯只能回到原来的部队，驻在里斯本。因为左手残废，连晋升的机会都没有。

1583年，塞万提斯离开了军队，回到马德里。最开始，塞万提斯四处寻找工作，但都遭到了拒绝。后来，走投无路之下，塞万提斯只好拿起笔，以卖文为生。1582年，塞万提斯写了第一部田园小说《伽莱苔亚》，于1585年出版。但是，微薄的稿酬并不足以维持生活。何况塞万提斯还没有其它的职业，也没有依附于什么喜欢附庸风雅的权贵，所以，日子依然过得很清贫。

后来，塞万提斯给马德里剧院的经理和演员们写些新剧本，靠卖剧本度日。塞万提斯早期的这些剧本，虽然还不够成熟，但已经显示出他的文学才华。

33 岁这年，一位 19 岁的小地主家的千金小姐，从姐姐那里听说了塞万提斯的传奇经历。这个喜欢读骑士小说的姑娘，因为喜欢塞万提斯身上的英雄气息，不顾家里人的反对，坚决要嫁给塞万提斯。他们在埃斯基维利亚镇小教堂里，举行了不太隆重的婚礼。

这位卡塔利娜小姐带来的嫁妆是一些有几块橄榄园和葡萄园的田产，几只鹅七八只鸡，4 箱蜜蜂，一大堆干草和一副锅灶。这些财产支持了塞万提斯可以安心地继续他的写作了。但是，不久，妻子因为要照顾家里的营生，忽略了塞万提斯，两个人产生了争执。塞万提斯也不愿意靠着妻子生活，所以，不顾卡塔利娜的阻拦，自己回到了马德里，和两个姐姐住在一起，一心写作，靠稿酬支持生活。

这样的生活一直持续了 20 年。不管日子过得有多么苦，他都保持着男人的尊严，不依赖妻子。1605 年，卡塔利娜主动回到了丈夫身边。以后，两人的相处还算和睦。塞万提斯去世后，卡塔利娜还帮助亡夫出版了他的

巴利亚多利德大学广场内的塞万提斯像

最后一部小说《贝雪莱斯和西吉蒙达历险记》。

马德里的戏剧院很受欢迎，也因此使塞万提斯总有剧本可写。在这段时间，塞万提斯大概写有二三十个剧本，但是因为很多都没有出版，留下来的已经极少了。《奴曼西亚》是比较出色的一个，很受人们的喜爱。塞万提斯说："观众对它们还是满意的，上演时没有人向台上扔烂黄瓜或别的什么水果。"

当时，有一位年轻的戏剧家，名叫洛贝·德·维加，被人们称为"西班牙凤凰"。塞万提斯觉得自己不可能超过这位天才的戏剧家，在写了30多个剧本后，放弃了剧本创作，决定另谋生路了。

倒霉的征粮官和征税官

　　1587 年元旦，塞万提斯来到了西班牙最大的港口城市塞维利亚。塞万提斯来到这里时，见到的是来回驰策传达国王指令的公差们，还有停泊在港湾的一艘艘战舰。西班牙的"无敌舰队"在远征英国前，正在这里进行最后的演练。

　　经过朋友的介绍，塞万提斯顺利地当上了这支舰队的征粮员。他被派到安达路西亚的艾西哈镇上征购粮食。塞万提斯工作认真负责，热情很高。他到了当地，用他的口才和爱国热情向人们宣讲"无敌舰队"的重要性，说服人们积极地交纳粮食谷物。

　　然而，心里满是文人思想的塞万提斯哪里会懂官场的潜规则。西班牙各级政府徇私舞弊、贪污腐败成风。他们都是在征粮过程中偏袒富户，把所有的任务都转嫁给贫农，借机收受贿赂，中饱私囊。

　　塞万提斯按照国家规定征粮，不去讨好那些富户绅士，更不会压榨百姓。他拿出国王的征粮诏书，向当地人宣讲："凡属规定征购范围内之小麦或大麦，不论其为教会产业或世俗产业，不论粮户地位或官职高低，征粮员均有权予以收购。"

　　他下令征收了一批属于圣克鲁兹教区和塞维利亚主教的粮食，这下就把麻烦惹大了。塞维利亚主教宣布把塞万提斯驱逐出教，并下令圣克鲁兹教区的神父把公告贴在艾西哈教堂大门口。

　　教会的这种行为令不明真相的人们都对塞万提斯充满了误解。在当时，被教会驱逐的人是被所有人所不齿的，而且也不再具备担任公职的资格了。塞万提塞只好回到塞维利亚去向上司述职，请求原谅，并被迫主动把粮食交还给了教会和大地主。

　　念在塞万提斯已经"知错"，教会就取消了对他的驱逐令。塞万提斯并没有因为这次的经历长教训。1588 年 1 月，塞万提斯到哥多瓦地区的卡斯特罗·德尔·里奥镇去征粮，结果发现当地的农民连当年的种籽也被逼交出来，而教堂的谷仓里却堆积成小山。塞万提斯气愤不已，他拿出国王的诏书，到教堂征粮，还把一位抗拒交粮的教堂司事关了禁闭。

塞万提斯再次惹恼了教会，毫无疑问地再次被驱逐出教。结果，塞万提斯只得又四处奔走表白，直到驱逐令被取消。这时，百姓已经越来越多地了解了这位正直的征粮员。其他的征粮员和那些富户狼狈为奸，坐享其成，而这位清正的收粮员却身无分文，连住店的钱也付不起。好在，百姓们了解了他，不再相强于他，还和他真诚地交谈。塞万提斯也因此更多地了解了下层百姓的生活。

艾西哈德的农民纷纷把交粮收据交给塞万提斯，拜托他到塞维利亚代领粮款，塞万提斯欣然接受了，却不想这件事又给他带来了麻烦。1588 年 9 月，有位律师向塞维利亚当局状告塞万提斯"违法征收一大批大麦"。当局对此事很重视，一旦罪名成立，塞万提斯将会以"克扣军粮"论罪。

艾哈西镇议会负责召开全体议员议会，结果议员们一致通过否决了这位律师的控诉。他们列出大量事实，证明了塞万提斯的公正。镇上的农民也到议会大厅外面对塞外提斯进行声援。最后，议会不仅没有处罚塞万提斯，反而还因为他"按照规定""毫无不轨""忠于职守"对他进行了褒奖。

塞万提斯当了 10 多年的收粮员，在这其间他曾经给上司写过一份请求去美洲殖民地当差的文件，但是上面的回答是"让他在国内找个差事"。

1592 年，再次有人控告塞万提斯"私自征粮"。因为多征了 300 法内格小麦，塞万提斯被送进了监狱，不过很快就被保释出狱。后来，弄明白，是艾西哈镇长兼征粮检查官公报私仇。但是，镇长却逼着塞万提斯赔出这笔钱，还要付出罚金以及诉讼费。

刚出狱不久，塞万提斯又遇到了另一件不公正的事。原来他的上级征粮官伊松萨因为家中积蓄了一些钱财，所以，便被处理一起违法征粮案的办案人员勾结艾哈西镇长等人把他牵连进去，企图榨取油水。

塞万提斯得知后，自带干粮前往马德里，向国王上书，以自己的名誉为证，为伊萨松鸣冤，并请求国王严惩那些知法犯法的人。塞万提斯的作法震惊了艾西哈镇的黑暗势力。但是，西班牙国王根本没把这样的"小事"放在眼里，第二年，伊松萨因病去世了，塞万提斯不仅没打赢官司，反而陷入其中 5 年之久。1594 年，海军征粮机构撤销，塞万提斯才解脱出来。

1594 年，摆脱官司纠缠的塞万提斯在朋友的介绍下，当上了收税员。年底的时候，塞万提斯出于安全的考虑把收来的一大笔钱委托给一家银行汇往马德里。但是，在塞万提斯赶到马德里前，这家银行却破产了，银行经理潜逃。塞万提斯想尽办法，才从查封的帐目中讨回一部分税款，但剩余的部分就没办法。因此，他被解雇了，还被以亏欠公款的罪名投进监狱，在狱中呆了 3 个月。1602 年，这个"帐目不清"的罪名还再次令他入狱。

最后一部骑士小说

1602 年左右，已经 50 多岁的塞万提斯因为没有什么事做，就主动要求替胡安修道院去一个小镇收租。塞万提斯来到阿加马西亚以后，却因为旧病复发，又不卑不亢，触怒了当地的一位豪绅。这位豪绅把他关到地窖。

已经老迈的勇士再也无法忍受这种凌辱和虐待，他给一位远亲写了求救信，信中说："我在这间牢房里，或者不如说这个洞穴里度过了漫长的日日夜夜，已使我精疲力竭。"后来，远亲胡安·贝尔纳维·萨阿维德拉把他救了出来，过程已经不知道了。

据当地的农民说，塞万提斯出来后，发誓说要写一部书来对欺凌他的人进行报复。后来，他果然付诸行动，写出了世界上最精彩的骑士小说《堂·吉诃德》。《堂·吉诃德》出版后，受到了人们的喜欢，但却不被当时主流文学承认，他们只认为这是一部下层人看的小说。

小说出版后，虽然获得了一些稿酬，但并没有怎样改变他们一家人的生活。塞万提斯和他的妻子、女儿、守寡的姐姐及姐姐的女儿居住在一个穷人街道上，邻居们都是些社会上的下层人。

1605 年 6 月，《堂·吉诃德》出版半年后的一个晚上，塞万提斯在街头遇到一个被刺成重伤的年轻人。好心的塞万提斯和邻居把他救回自己家中，让家人看护，又让人寻找伤者的家人，但最后这位伤者因伤重死去了。法官在调查时，发现这个人名叫埃斯佩莱塔的人，生前是个放荡的宫廷贵族青年，因为与一权贵秘书妻子私通，才遭人暗算。同时法官还查出死者收受过秘书妻子贵重赠品以及秘书派人行刺的许多线索，但他为了自己前程考虑，将错就错，把塞万提斯一家连同邻居关了大狱，并对塞万提斯作了有损名誉的诋毁结论。

　　接二连三的打击，让塞万提斯只能在他的文学中发泄心中的愤怒。1613 年，他的短篇小说集《惩恶扬善故事集》出版；1614 年，长诗《巴尔纳斯流氓》问世；1615 年，《从未上演过的八出喜剧和八出幕间短剧》出版。苦难带给他的是身后至高无上的荣耀。但在当时，他至死都是穷困的，甚至于后人连他的墓地在哪里都找不到。

十一、庄子

庄子（约前369—前286）。姓庄名周，字子休（一作子沐）。汉族，宋国蒙（今安徽蒙城县）人。是中国伟大的哲学家、思想家和文学家。

庄子原是楚国的王室后裔，后来因战乱迁到宋国的蒙地。庄子一生据后世明确的记载只做过蒙地的漆园吏，但是他的思想和文学成就，却成为中国历史上一支奇葩。

庄子是道家学说的主要创始人之一，和老子并称为"老庄"。在思想上主张"无为"，遵循天道。他的文章集中于《庄子》一书，浪漫奇伟，又充满了哲理，如《齐物论》、《逍遥游》、《大宗师》等。

贫而乐道

　　庄周生时正值战国时期，天下大乱。庄周虽然家境贫寒，却勤奋读书，明白了很多道理。很多国家的君主听说了他的才能，都想任用他为官，庄周却甘于贫困，不愿与那些与他思想完全不符的人为伍。

　　庄周有一个好朋友惠施在魏国做了宰相。庄周背着行李，身穿带补丁的粗布衣服，脚着草绳系住的破烂鞋子，去拜访这位老朋友。但是刚到惠施那里住了几日，久闻庄周大名的魏王便派使者命惠施携庄周去见他。

　　庄周道："我不寄希望于任何的君王，更不想谋求什么一官半职。所以也没有必要去与他浪费时间了。"

　　惠施再三劝说，最后，庄周因不忍惠施因此受到魏王的责罚，才勉强答应了，但却坚持穿着自己破旧的衣服。

　　庄周见了魏王却不行礼，只是打量着魏王和金碧辉煌的宫殿。

　　一旁的官员见他毫无行礼之意，大声呵斥道："大胆村夫，见吾王竟不行礼？"

　　庄周看着那个呵斥他的官员道："我并不是你们大王底下子民，为什么要行礼啊？"

　　魏王并没有介意，只是觉得这个人有点清高。微笑着对庄周说道："先生说得是啊，不是我国子民，可以免礼，早就听说先生是个人才，果然名不虚传啊！"

　　魏王想戏弄一下庄子，于是又说："庄周先生，本王老眼昏花，可否走近一步，让我看个仔细。"

　　庄周却说："大王，我觉得还是您走下宝座，到我跟前来看比较合适。"

　　顿时，站在一旁的惠施全身起了一层冷汗。

　　魏王心想，庄周生性真是高傲，连我也不放在眼里，刚才我免你行礼，已经是大慈大悲了，现在又竟然命我下去，真是胆大包天。只是众位臣子都在朝廷之中，不好发作，便问："先生这样说，又有何含义呢？"

庄周回家说："我听说大王是一位非常开明的君主，不仅爱慕人才，更是礼贤下士。您今天召见我，不就是为了让天下之人都知道您的爱士之名吗？我之所以让你走下宝座到我跟前来，是用来说明您是爱士的，而我到您跟前去，却只能给你一个权势君主的名声，一点也体现不了您的仁爱，所以才敢叫你走下来。"

魏王一听，不禁在心里面暗暗称好。看来这庄周还真有两下子，虽然生性高傲，但确实有才学，能言善辩，立刻转怒为喜，颜色欣悦。惠施心里面吊着着那块石头也落了下来。

魏王走到庄周跟前，绕着庄周转了一圈，看见庄周穿的粗布衣服上补了好几个补丁，尤其是庄周那用麻绳捆住的履，更是破烂不堪，立即摆出一副关心的样子，问道："先生，像您这样的才智之士，怎么弄得如此穷困潦倒呢？"

庄周回答说："大王，我这是贫穷，而不能说是潦倒。作为一个士，没有理想，没有追求，抑或没有自己的人生精神，那样才能称之为潦倒。虽然我的衣服破烂，但是我有我自己的追求，有我自己的精神，所以只能说是贫穷。"

魏王又问道："那么，您既然有自己的追求，却为什么搞得这般穷困呢？"

庄周上前一步回答说："大王，您有所不知，我的穷困不是我自己造成的，而是这个战乱时代造成的。大王肯定见过在树上跳来跳去的猴子吧。当它们在树枝繁茂的树林中时，揽枝而跃，自得其乐。可是如果把它们放在没有枝叶光秃秃的死树上面，它们却会抓住其中的树干，身体颤抖，不敢移动一步。但是因为这样，就说明它们的筋骨没有以前柔软灵活吗？肯定不是，而是周围的环境制约了它们的行动。我所生活的这个时代，也正是这样，昏庸的君王，追名逐利的宰相，没有一个肯为百姓做事的，百姓就像猴子活在一整片枯死掉的树林中。人们都失去了自己的生活支柱，疲惫不堪。而能我这样依然在贫穷中追求自己的精神和理想的人，更是少之又少了。"

魏王听完之后，心中颇为不悦。但庄周的话虽然锋利，却句句属实。魏王回到自己的宝座上坐下，久久内心不能平静。

庄周之所以不愿意做官，一是因为他轻视权贵，二是他认为做官戕害人的自然本性。与其被束缚着，然后以虚假的名义管理着黎民百姓，还不如在贫贱中过的逍遥快乐。权位高贵的官职就放在他的面前，只要他开口就能得到，然而庄周却放弃这一切，选择回家种地了。

庄周回家后，继续跟妻子一起过着拿锄握镰，虽然清贫但很安逸的田园生活。偶尔到水边钓钓小鱼，这几乎是他最大的爱好。但是没过几天就又有人来打扰了。

庄周正在涡水边握杆垂钓，楚王委派来的二位前来聘请他去做官的大夫说道："吾王久闻先生学识渊博，尤其擅长治理国家事务，所以特此来请，深望先生欣然出山，上为国家君王分忧，下为黎民百姓谋福。"

庄周持竿不顾，淡然说道："我听说楚国有只神龟，被杀死时已3000岁了。楚王珍藏之以竹箱，覆之以锦缎，供奉在庙堂之上。请问二大夫，此龟是宁愿死后留骨而贵，还是宁愿生时在泥水中潜行曳尾呢？"

二位大夫脸色青一阵白一阵，虽然被讥讽，但还是按实道："自然是愿活着在泥水中摇尾而行啦。"

庄周看着波光粼粼的水面说："那二位大夫请回去吧！我也愿在泥水中曳尾而行哩。"就这样，庄周平静地拒绝了楚国两位大夫的请求，毅然坚持着自己安静舒适的田园生活。

庄周的生活虽然贫苦，但却自由快乐的。既不与外界争名利，也不认为自己是一个无用之才。顺应着自己，顺应着心意。用他自己的话来形容就是：

不刻意而高，无仁义而修；无功名而治，无江海而闲；不道引而寿，无不忘也，无不有也……生也天行，其死也物化；静而与阴同德，动而与阳同波；不为福先，不为祸始……其生若浮，其死若休（选自《庄周·外篇·刻意》）。淡然独与神明居（选自《庄周·天下》）。

一言以兴邦

战国时代，赵国的赵文王特别喜欢剑术。一些剑客们便投其所好，纷纷前来献艺，甚至宫门左右的剑客达到3000多人。这些人争相在赵文王面前相互拼杀，以博着赵文王的奖赏。但是，在拼杀的过程中，却有很多人因此死伤，每年都有数百人。但是，赵文王却毫不怜惜，依然乐此不疲地命他们表演。

赵文王的喜好和重赏使得赵国的人纷纷放弃手中的农具，改习剑术。耕田之人日益减少，田园荒芜，赵国的国力也渐渐衰弱。其他诸侯国都想乘此机会攻打赵国。太子赵悝为此忧虑不已，召集左右大臣商量道："如此下去，必将导致国破家亡，为别国所制。诸位大臣中，如有既能顺着大王的心意，又能阻止剑士相斗的人，我将赏赐给他千金。"

左右大臣商议后，都认为自己无法做到，如果有人能劝得赵文王回心转意的话，那这个人就只有庄周了。于是对太子建议道："庄周可担此任。"太子问："庄周是什么人？"

一个大臣回答："庄周是个隐士。其才足可经邦，其能足可纬国，其辩可以起死回生，其说可以惊天动地。如果能请他前来，一定能既顺从大王的心意，又能救民于水火。"

太子听从了大臣们的建议，派使者带上千金去请庄周。

庄周见到了使者，听对方说明了来意后，说道："这事有什么难的，竟值得太子用千金作赏？"坚决不肯收受千金，却答应同使者一道去见太子。庄周问太子："太子赐我庄周千金大礼，不知想让我做什么事？"

太子说："我听闻先生神明，因此特奉上千金作为您的学生们一路上来的开销。如果先生不肯收下，我赵悝哪里还敢让先生做什么呢？"

庄周见太子不肯说，只能自己把事情挑明："听说太子用我庄周的地方，是想让我劝大王放弃好剑术的癖好。倘若我在劝说大王的过程中拂逆了大王之意，说服失败，那么不仅有负太子的看重，我也会受刑而死，要这千金又有什么用？假使我既能讨大王之欢心，又能使大王不再亲近好剑之士，达到太子的目的，那我在赵国何求而不得呢？这千金对我来说亦是不值一提。"

太子听了庄周的话，对庄周的为人深为敬佩。可是，想起劝阻文王的事又大感为难，对庄周说："先生所说的固然有理，但是大王只接见剑士，其他人，根本无从进见啊！"

庄周笑道："这个容易，我也善于击剑。"

太子看看庄周一身的打扮，为难地说："只是我们大王所接见的剑士，都是头发蓬起，发髻突出，帽子低垂，帽缨粗大，穿短而紧身的衣服，二目圆睁，却不善于言辞。如果先生一定要穿着儒服去面见大王，大王一定不高兴，恐怕事难成啊！"

庄周既然来了，便是想要为太子解决这个难题，所以，便不再坚持己见，让太子为自己准备剑服。

三天后，剑服做好了，庄周穿上来见太子。太子带着庄周一起前去见文王。文王知道庄周马上就到了，长剑出鞘，白刃相待。庄周昂首走入，入殿门而不趋，见大王而不拜。

文王问道："太子介绍您来，您欲拿什么教给寡人？"

庄周道："我听说大王好剑，因此特意以剑术拜见大王。"

文王听说庄周也精于剑术，心中高兴，便问道："您的剑术有何特长？"庄周说："臣之利剑锋利无比，臣之剑技天下无双。"

文王听了，大为欣赏，称赞道："天下无敌矣！"

庄周又说："夫善舞剑者，示之以虚，开之以利，后之以发，先之以至。愿大王给臣机会，让我得以一试。"

文王听庄周所说用剑之道，确是个中高人，便说道："先生且休息几天，在馆舍待命，等我安排好后，再请先生献技比剑。"于是，赵文王令那些剑士们比剑从中选择高手，连赛7天，死伤者有60余人，才最终得五六位佼佼者，让他们持剑恭候于殿下，命人请庄周来一决高下。

庄周听命，欣然前来。赵文王说："这6人都是高手，希望您大显身手，一试锋芒。"庄周答道："我已经盼望好久了！"

赵文王问："不知先生之剑有何异处？"

庄周答："臣有三剑，听凭大王所好，许我先言后剑也。"

大王点头，道："愿闻三剑。"

庄周道："天子剑、诸侯剑、庶人剑。"

大王好奇相问："天子之剑如何？"庄周说："天子之剑，以燕溪、石城为锋，齐国、泰山为锷，以晋、卫两国为背，以周、宋两国为首，以韩、魏两国为把，包以四夷，裹以四时，绕以勃海，系以恒山，制以五行，论以刑德，开以阴阳，持以春夏，行以秋冬。此剑直之无前，举之无上，按之无下，挥之无旁。上决浮云，下绝地维。此剑一出，匡正诸侯，威加四海，德服天下。此就是我所说的天子剑。"

文王听后，茫然若失。又问："诸侯之剑何如？"

庄周道："诸侯之剑，以智勇之士为锋，以清廉之士为锷，以贤良之士为背，以忠圣之士为首，以豪杰之士为把。此剑直之亦不见前，举之亦不见上，按之亦不见下，挥之亦不见旁。上效法圆天，以顺三光；下效法方地，以顺四时；中和民意，以安四乡。此剑一用，如雷霆之震动，四海之内，无不宾服而听从君命。此乃诸侯剑也。"

文王听了，不住点头。接着问："庶人之剑又如何？"

庄周道："庶人之剑，蓬头突鬓垂冠，曼胡之缨，短后之衣，瞋目而语难。相击于前，上斩颈领，下决肝肺，此庶人之剑，无异于斗鸡，一旦命已绝矣，无所用于国事。今大王有天子之位而好庶人之剑，臣窃为大王薄之！"

赵文王听了，心中感悟，马上起身牵庄周双手上殿。命厨师杀鸡宰羊，好酒好菜款待庄周。赵文王绕着桌子不停地走动。庄周见了，说道："大王安坐定气，剑事已毕奏矣。"文王坐下，沉思良久。

赵文王自听庄周谈论三剑后，3个月未出宫门，从此后痛下决心戒绝好剑之弊，一心治理国家。那些剑士自觉再无出头之日，个个心怀忧惧，不久都纷纷逃散了。

至乐无乐

　　庄周有一个好朋友，名叫惠施，这是庄周所交往的人中唯一一个热衷功名的人。虽然追求不同，却没有影响到他们之间的友谊。惠施也是有真才实学的人，经常和庄周在一起辩论，留下了很多精彩的故事。

　　人皆有感情，有智慧。惠施认为即使庄周总是目空一切，对世间的一切都不屑一顾，但是再超脱世俗的人，想必对此不会产生不同的看法吧。于是就跑过去问庄周："人是无情的吗？"

　　谁料庄周点点头毫不犹豫地就说："嗯，人是无情的。"

　　惠施大吃一惊，但还是顺应着庄周问道："人若无情，那怎么能称做人呢？那不就跟草木山石一样了？"

　　庄周说："天给了人容貌，给了人形体，怎么不能称为人呢？犹如你称草为草，树为树，如果当初没有人给他们这个称号，岂不是你现在也不知道称它们为什么？"

　　惠施不理会，继续问道："人非草木，人之所以称为人，是因为有情感有智慧。你怎么能说没有情呢？"

　　庄周笑了笑答道："我所说的无情是不损害自己的本性，顺应感情的自然需要而为。感情需要什么，就提供什么。人为的感情，有所爱，便有所不爱。有所留恋，便有所抛弃。不能单纯地说有情与无情。而自然的情，无爱无不爱，一切都是平等的。所以能普及，也能永恒。"

　　惠施听完，虽然为自己的误解感到惭愧，但是从内心上还是有些不服气。

　　有一天，庄周与惠施站在濠水的桥上，看下面水中的鱼儿自由自在地嬉戏。庄周叹口气说："唉，鱼儿在水里面无拘无束地游来游去真是快乐啊！"

惠施听后，心想时机来了，这下可以好好的跟庄周辩论一下了，让他总是轻视自己。也探头看着下面的鱼说："你又不是鱼，你怎么知道鱼快乐呢？"

庄周一看情势不对，老朋友又有一种想要跟他争辩到底的意思。虽然已经猜到最后的结局，但还是反驳说："你又不是我，你怎么知道我不知道鱼快乐不快乐呢？"

惠施说："好，我不是你，我确实不知道你是不是知道鱼快乐，但是按道理，你也不是鱼，所以你也不知道鱼是不是快乐。"

庄周说："如果这样，那这个问题又转回来了，你不是我，你怎么知道我不知道鱼快乐不快乐呢？"

惠施被庄周的反辩无话可说，望着濠水中的小鱼，不说谁输也不提谁赢，拉着庄周，就打道回府了。

庄周的辩论确实有点巧辩的意味，但是，惠施却同样无法取胜。鱼之乐，也许只有鱼自己才知道，那么人之乐呢？

秋冬之际，万物凋零，乌鸦哀嚎，站在清冷的高山自上而下的放眼望去，世间的一切荒凉尽收眼底。

庄周偕弟子穿行在崇山峻岭之中。虽然身着破衣破帽，脚穿烂麻草鞋，即便如此，依然神情自然的踩着崎岖的山路艰难的走下去，披荆砍棘，不畏险阻。不知道走了多久，他们走到一片荒乱的山石中，庄周抬头一看，原来已经跋涉到山顶了。站在山顶寒冷的气流中，萧瑟的秋风扑面而来，甚是凄凉。庄周眺望着远方惨淡的正要西下夕阳，瞬间由景而发，不禁仰天长啸、放声高歌道：

凤兮凤兮，何如德之衰也！

来世不可待，往世不可追也。

天下有道，圣人成焉；

天下无道，圣人生焉！

方今之时，仅免刑焉！

福轻于羽，莫之知载；

祸重于地，莫之知避。

已乎，已乎！临人以德。

殆乎，殆乎！画地而趋。

迷阳迷阳，无伤吾行。

吾行却曲，无伤吾足。

至乐无乐，至誉无誉。

庄周悟得了"至乐无乐"，但有时候也无法做到无悲无喜。有一天，庄周靠椅而坐，但是并没有往日那种豁达开阔的惬意。而是频频摇首，不时地仰天而叹，失魂落魄，就像没有往日里支撑着他的灵魂一样。弟子侍立在旁，看到了师傅的忧愁有些不解，并且平时又知道师傅研究过很多大学问，生老病死，世间真理，几乎没有他不知晓的，于是向前问道："师傅为何嘘叹？人之形体的真可以使如槁木，而心固可使如死灰吗？今之靠椅而坐者，不是昔之靠椅而坐者吗？"

庄周笑着看着弟子说："问得好。而今我丧失了自我，你可明白？"

弟子谦虚道："自我是什么？弟子愚钝，实不明白。请师父解答"。

庄周道："天下万物，都是彼此相对。故没有彼就没有此，没有你就没有我，且此一时彼一时，这就是相反相成。可疑惑的是，不知是谁使成这样的？难道这就是冥冥之中的道吗？可是道又是什么样子？谁又能真正的来解说一下。骨骼、五腑六脏，遍存于一身，终究只是为了支撑一个躯壳。可是人生一切又皆因这个躯壳。仕途、高官、美酒、佳人，若没有了这个躯壳，一切都会空空如也。所以，自我究是什么？我与谁亲近些呢？是都喜欢它们，还是有所偏爱？如此，则百骨九窍、五腑六脏彼此是夫妻的关系吗？如果皆是夫妻，这些夫妻之间到底是相互制约呢？或是轮流为君臣呢？难道其中真有主宰者吗？唉，人生一旦接受精气，成就形体，然而当成就形体，又不知不觉中把精力耗尽。如此轮回，天天与外物争斗摩擦，精神耗尽象如野马飞奔一样，而自己却不能制止，不亦太可悲了？

终身忙碌而不见成功，颓然疲役而不知归宿，这难道不悲哀吗；虽说身体不死，有何益处？况且心神也随身体消亡，这难道不是很大的悲哀吗；人生在世，本来就这样茫然吗？还是只有我觉得迷茫而众人都不迷茫吗？"

弟子认认真真地听完师傅的指点后。顿时感觉如醍醐灌顶。不得不佩服师傅的学识，可谓博大精深啊。所思考的问题，得到的道理。非常人一时间所能明了。

　　其实，庄周的弟子们不明白他的学问太多了，就算是庄周们把他所思考出来的大智大慧全部传授给他的弟子，也未必有几个人能明白。何况当时又处在战乱的年代，每个人都为了某个一官半职而去求学问，更想不通其间的人生哲理了。

　　所以，庄周大部分时间都是把自己的学识藏在肚中，再无人能懂的时候，就著书立说，把他的思想融入著作中，这些著作合称为《庄子》，分为内篇、外篇、杂篇。今人所见的《庄子》一书的文章并不都是庄周所写，也有些是他的弟子以及后学所撰，直到西汉时才大致完成。

圣人不死，大盗不止

庄周说，人们为了防备一些小偷，就会收紧盛放粮食的口袋，把箱子锁好。可是，一旦有大强盗来了，就会背着箱子柜子和口袋很快地跑掉了。人们自作聪明的办法反而方便了这些大强盗。这些聪明人，都是在为大盗积聚财物，而那些所谓的圣人，也都是在替大盗守卫财物啊。就像那杀死国君窃取齐国的田成子，他窃取的不只是政权，还有各种圣人制定的法规，所有人都不敢反抗他，反而遵守着他窃取来的圣人之道。所以说，圣人不死，大盗不止。

庄周反对儒家的以仁义治国和法家的以刑罚治国。庄周认为那样是违背人性的，人们不仅不会听之从之，到最后更有可能是反抗。尤其是刑罚治国，应用残酷的刑罚谁能承受的住，并且又会失民心于天下。到最后往往得到适得其反的效果。就像历史记载的那样："昔者尧治天下，不赏而民劝，不罚而民畏。今子赏罚而民且不仁，德自此衰，刑自此立，后世之乱自此始矣。"

庄周与老子一样，主张的是无为治国，任其自然，顺其造化。认为"绝圣弃知而天下大治"，统治者要"无容私"，"汝游心于淡，合气与漠，顺物自然而无容私焉，而天下治矣"与"圣人不死，大盗不止"具有相同辩证内涵的是庄周著名的"材与不材"的论断。

一天，庄周和他的弟子一同去山里面郊游，在经过山脚下的时候，他们看见一株大树。这棵树枝繁叶茂，直冲云霄，宛如一根天柱耸立在大溪旁，特别显眼。但是庄周感觉很奇怪。如果在平时，一般的树长不到这么大就被伐木工人伐走了，而这棵树其粗足有百尺，其高数千丈，冲入云霄，异常高大。尤其是他那枝繁叶茂的树冠，深深地能遮蔽下面的十几亩地。

于是庄周忍不住问旁边的伐木者："请问师傅，这么好这么高大的树木，怎么一直无人砍伐，以至独独长了几千年？这肯定有什么原因吧。莫非这是你们信奉的'神树'之类的。"

伐木者笑笑，对此树不屑一顾，仍然绕过去去伐旁边的树木。说道："这有什么好奇怪的，深山中的这种树木比比皆是。此树是一种不中用的木材，用来作舟船，则沉于水；用来作棺材，则很快腐烂；用来作器具，则容易毁坏；用来作门窗，则脂液不干；用来作柱子，则易受虫蚀，这是不成材之木。正因为这种木头不成材，没有什么可用之处，所以才能每每逃过伐木工人的利斧。所以故能享有如此之高的寿龄。"

听了伐木者的此番话，庄周转过去对弟子说："大家都听懂伐木师傅的话了把，这棵树之所以得以终其天年，是因为其生长得不材。所以，世间万物是相对的，是不断变化的。正是这棵树的无用之用，无为而于己有为？"

弟子恍然大悟，一个个点头不已，称赞师傅思考得细致深入，非常人所及。

庄周又继续说道："树无用，不求有为而免遭斤斧；白额之牛，亢曼之猪，痔疮之人，巫师认为是不祥之物，故祭河神才不会把它们投进河里；残废之人，征兵不会征到他，故能终其天年。形体残废，尚且可以养身保命，何况德才残废者呢？树不成材，方可免祸；人不成才，亦可保身也。"庄周愈说愈加兴奋，最后总结性地对他的弟子说，"山木，自寇也；膏火，自煎也。桂可食，故伐之；漆可用，故割之。人皆知有用之用，却不知无用之用也。"

傍晚，夕阳灿烂。西方的天空一片通红，暮色也随之慢慢地降临。

师徒二人出了山，夜晚，留宿于庄周的一个老朋友家里。由于是故交，好久不见，主人一见到庄周很是高兴。久别重逢，必备好酒好菜，不醉不归。遂命儿子杀雁款待。

儿子问父亲："咱们家里有两只雁。一雁能鸣，一雁不能鸣，该杀哪只？"

主人毫不犹豫地对他儿子说道："当然要杀不能鸣的。不能鸣叫，无才可用，我们还养着他干什么？"于是，儿子立即把那只不能鸣的雁拿出去杀了，炖了一大锅肉，晚上几人喝得甚是尽兴。

　　第二天师徒二人向主人告别。出了朋友之家，没走多远，弟子便忍不住问庄周："师傅，昨天我们到山里郊游。山里面的那棵大树，是因不材而得以终其天年，与高山齐寿；但是昨天晚上主人招待我们的那只雁，是因为其不材，才被主人遗弃，用来宰杀炖肉，招待客人。弟子愚昧也，师傅有何见解？"

　　庄周笑道："今吾庄周处于材与木材之间。材与木材之间，似是而非，时对时错，要看天地造化。即便我是这样，但对于人间世事，难免于累也……"庄周屏住，欲言又止。

　　弟子急待下文忙问道："那又怎处世呢？甚或怎样治理国家呢？有材不行，无材也不行，材与不材间也不行，究竟如何是好？何况国家需要的都是有才之士，如此这般，又该如何去治理？"

　　庄周沉思了片刻，仰头说道："如乘道德而浮游则不然：世间本如此，无誉无毁，要处之淡然。一龙一蛇，与时俱化，而不肯专为。一下一上，以和为量，浮游于万物之初，物物而不物于物，则无累也。此神农、黄帝之生活法则也，顺应天性。至于物之性、人伦之情则不然：成则毁，锐则挫，尊则议，有为则亏，贤则厚，不肖则欺，怎可无免累乎？故万物应尽其天性。人为亦是如此，若皆按其为之，治国又何如。岂非迎刃而解？子为记也，唯德之处尚为逍遥也！"

　　弟子听完师傅话，针对自己的问题问道："道德之乡，人只能神游其中；但是如今乱世，烽火连天，昏王乱政，人该怎样安息？"

　　庄周道："你知道鹌鹑鸟吗？知道它们是怎样饮食起居，得以在自然中逍遥自在的吗？"

　　弟子有所顿悟道："先生的意思是说：人应像鹌鹑一样起居、栖息生活，以四海为家，居无常居，顺应天地之变化，随遇而安；并且像鸟一样饮食：不择精粗，不挑肥瘦，随吃而饱；像飞鸟一样行走：自在逍遥，不留痕迹，想去哪里就去哪里。"庄周微笑着点点头。

大道先觉

某一天，庄周躺在床上打盹，由于困意袭身，很快他就进入了梦乡。在梦里庄周梦见自己肩上生出一对翅膀，变成了蝴蝶，一只翩翩起舞的蝴蝶，于是他丢掉了时间所有的烦恼，尽情地飞啊、飞啊，穿过高山，穿过森林。觉得自己的人生从来都没有这样快乐过，悠然自得，甚至都忘记了自己是庄周。突然，一个嗡嗡的苍蝇把他吵醒了。他坐起来望着墙壁的四周才知道原来刚才做了一个梦，自己还是那个躺在床上的庄周，没有翅膀，更不会飞，更不用说那种超脱于尘世之间自由自在怡然自得的快乐。但梦中那只美丽的蝴蝶的影子还像幅美丽的画卷一样不断地在他的脑海里萦回，于是，他开始怀疑到底是庄周做梦变成了蝴蝶呢，还是蝴蝶做梦变成了庄周？

庄周的思想看似荒诞，其实都有着很深的哲学思想在里面。他和老子一起被后世尊为道家始祖，对道教的理论思想做出了巨大贡献。

庄周认为，道是无边无际的，是可以覆载万物的东西，是天地一切的主宰。世人若想要理解它，就必须抛弃所有杂念，把自己的心掏得空空的，让自己处于自然的状态。生活在世界上，什么叫做天然呢？无所作为而事情就自然而然地成功了，这就是天然；什么叫做德性呢？无心言说而人们就自然懂得了，这就是德性；什么叫做仁爱呢？体谅他人而有利于物，这就是仁爱；什么叫做博大呢？视异为同、存异求同，这就是博大；什么叫做宽广呢？行不到边际、走不到异域，这就是宽广；什么叫做富有呢？拥有万物、物各异殊，这就是富有；什么叫做纲纪呢？遵循德性，不离本性，这就是纲纪；什么叫做立身呢？德性完满、无亏无损，这就是立身；什么叫做齐备呢？遵循大道、无所偏离，这就是齐备；什么叫做完善呢？不贪于物、不丧己志，这就是完善。

世人若能明白这十点，领悟透彻，运行于心。就能令自己心胸宽广而消事于内，放任悠闲而散物于外。这样的人，会把金银抛于深山，会将珠宝沉于深渊，不会追名逐利，不会享受荣华富贵，不以长寿为乐，不以早逝为哀，不以通达为荣，不以贫穷为耻，不将天下公利据为私有，不将称王天下视为显赫。在他看来，真正的荣耀是明晓于大道，将万物视为一体，将生死看成是一样的。

物无非彼，物无非是。自彼则不见，自知则知之。故曰：彼出于是，是亦因彼。彼是方生之说也。虽然，方生方死，方死方生；方可方不可，方不可方可；因是因非，因非因是。是以圣人不由而照之于天，亦因是也。是亦彼也，彼亦是也。彼亦一是非，此亦一是非，果且有彼是乎哉？果且无彼是乎哉？彼是莫得其偶，谓之道枢。枢始得其环中，以应无穷。是亦一无穷，非亦一无穷也。故曰：莫若以明。（选自《庄子·齐物论》）

在庄周的眼中，最好的生活就是按照自然，自然而然地生活。如果被外界的某些事情打破了这种环境，哪怕是进入一种看上去很为奢华、很荣耀的境地，那也没有什么值得高兴的。并且更要注意，在它们给我带来奢华尊贵的时候，随之而来的还可能会有很多我们意想不到的祸患。因为这种突然的改变与原来自己的本性相违背。

庄周快要死的时候，一直陪着他，受他教导的弟子都想用尽钱财厚葬他，以感激老师对他的教导之恩。但是庄周得到这个情况后，认真地对弟子说："我死之后什么也不要破费，不用买棺材，不用请巫师，也不用占用土地将我埋葬，把我扔在野地里就行了，人生于自然，所以也要归于自然。"

但是，孝敬的弟子们怎么能舍得把老师的尸体乱放于旷野，这不是让大家耻笑吗？于是几个人费尽心思，想来说服他："把您的尸体扔在野地里也行，但是这样之后，您的尸体没过几天就可能被老鹰和乌鸦给吃掉了。"

庄周说："扔在外面是会被老鹰和乌鸦吃掉，可是埋到土里面，最后不也是被蝼蚁给吃掉吗？以你们的做法，那不是从乌鸦嘴里面抢食物给蝼蚁吃吗？把我安放在旷野里面。这样我就可以回归于自然，把天地当做棺材。每日的晚上可以看星星，观月亮，万物都是我的贡品。如此丰厚的安葬，我还需要什么呢？"

后来，庄周在宋国灭亡的那一年去世，死后所在的蒙城归了楚国，后世也因此误传道，庄周是楚国人。

十二、王安石

王安石（1021—1086），字介甫，号半山，小字獾郎。抚州临川人，世称临川先生，又称王荆公、王文公，北宋著名的政治家、文学家、思想家，"唐宋八大家"之一。

在中国的历史上，王安石是一个特殊的存在。在他入朝为相之前，不管是文人墨客还是帝王将相都对他备加推崇。认为其天降奇才，有经天纬地之能。但是，王安石当了宰相之后，推行以富国强兵为目的的变革，以司马光为首的保守派又对他大加贬斥，"朋党之争"愈演愈烈。变法过程中遇到重重阻挠，致使王安石两度罢相，最终归隐山林。在王安石去世后，关于他的争论历经千年，依然不曾停息。反对他的人把他视为乱臣贼子，甚至把宋朝灭亡的帐都算到他的头上，赞成他的人又把他当作三代（夏、商、周）以下为数不多的完人。有趣的是，在政治上与他水火不相容的政敌，如司马光、苏轼等，却对他的才学德行心悦诚服。如此集盛赞与骂名于一身，王安石恐怕是中国历史上的第一人。

本是南山一顽石

宋真宗天禧五年（1021）正月十八日，王安石出生于抚州临川。其父王益（字损之）时任临江军判官。

从小，王安石就是一个与众不同的孩子。虽然有两个哥哥，弟弟妹妹又相继出世，即使不出门也有很多玩伴，但王安石却并不怎么喜欢玩耍。小王安石所喜欢的，是看哥哥读书写字，听父亲谈古论今。民间至今还流传着王安石小时候"寻生花笔"和"夜读罚赋"的故事。

本就聪慧的王安石，在父亲和哥哥的熏陶下，对于读书有着超乎寻常的喜爱。入学之后，两个哥哥花4年时间才读到《尚书》，而王安石不到2年就读到了。据对王安石百般抵毁的《宋史》记载，王安石"少好读书，一过目终身不忘。其属文动笔如飞，初若不经意，既成，见者皆服其精妙"。

超强的记忆力和爱好读书的好习惯帮助王安石了解了更多前人的思想和成就。孔孟之道、管乐之能，无不令他心生向往。但是，王安石对这些人并不是盲目地尊崇，他认为这些人虽然流芳万世，却并非十全十美。孔孟不被当时君

王安石画像

主重视，仅能传道，却对时弊无太多实际意义，而且自身还免不了忍受饥寒，管仲乐毅的治国才能也并非无法超越。小小的王安石，已经颇为自负地想，自己有朝一日，一定要做出一番堪与这些圣贤相媲美的成就，而且要做得比他们还好。

王安石少年时不仅受到较好的教育，在父亲做官期间，还跟随父亲走了很多的地方，增加了社会阅历，开阔了眼界。当他目睹了人民生活的艰辛，对宋王朝国力衰弱的局面有了一定的感性认识。他很同情百姓的艰难困苦，希望有朝一日能够通过自己的努力改变现状，使国家富裕，国力强大，人民安居乐业。所以，青年时期的王安石便立下了"矫世变俗"的志向。

他认为好男儿一定要有远大的理想和抱负，否则一生无所建树，等到老去时不只无可依靠，连一点值得回忆的事情都没有了，"男儿少壮不树立，挟此穷老将安归"！有理想有抱负才会活得意气风发，"此时少壮自负恃，意气与日争光辉"。

"谁将天下安危事，一把诗书子细论。"这首情系天下的《闲居遣怀》大概是王安石留下来的最早的一首诗了。那时王安石才15岁。岭南发生叛乱，西夏趁机进攻宋朝，举国惶恐不安。朝堂之上的大臣们只知谈论诗书，引经据典争论不休，却拿不出对敌的良策。天下安危之时，谁才是救民于水火的真英雄啊！这首诗里面，已经体现出王安石看待问题时与众不同的独特眼光。他是一个做实事的人，看不起那些只会说空话的人，而他的一生也始终遵循着做实事的原则。

王安石的母亲吴氏，娘家在金溪柘冈。这个村子里有一个和王安石年龄相仿的天才少年，名叫方仲永。仲永家祖上世代为农民，没有出过读书做官的人。在仲永长到5岁之前，连书写的工具都没有见过。但是，有一天，他忽然向家人哭闹着要写字的纸笔。他的父亲心中惊讶，不知道他怎么知道纸和笔，更不知道他要拿来做什么，于是，就到附近有纸笔的人家借了来给他。仲永接过后，当即写了四句诗，并把自己的名字也写在上面。

仲永的父亲逢人便说这件异事，消息很快便传开了。从此以后，人们见到仲永往往会指一物让他写诗，仲永不假思索，脱口而出，文法和内涵都有值得欣赏的地方。乡人啧啧称奇，认为仲永乃天生神童，将来必有出息，于是渐渐地都与他家结好，款待他们父子，还有人花钱请仲永写诗相赠。仲永的父亲见有利可图，就不让仲永去上学，而是每天强拉着他挨个到同乡人家拜访，接受人家的宴请，收取仲永写诗所得的钱财。

王安石对方仲永早就有所耳闻，也一直想见一见他。但是，因为随父亲宦游在外，没有机会去金陵。直到13岁这年，因为祖父去世，父亲辞官还乡，王安石才终于在舅舅家见到了仲永。当时，王安石的心情是激动的，他很想和这个与自己差不多大的少年结为好朋友，于是就出了个题目请仲永写诗，以此来试探他，结果却令安石大失所望。仲永所写出来的诗远没有传说中的那么精彩，仅仅是文理通顺罢了。王安石最终没能和仲永成为知己，但却并没有忘记他。7年以后，当王安石从扬州再次来到舅舅家时，还忍不住打听仲永的消息，却听说，仲永现在已经和普通的百姓一样，再也写不出诗了。

这件事给王安石的触动很大。方仲永天赋极佳，但却因为没有受到很好的教育，最后只能落得跟平常百姓一样。如果没有仲永这样的天赋，生来就是平常人，后天再不努力学习，一生更是只能成为一个平凡的人了！自见到仲永后，王安石更加珍惜学习的机会，谢绝一切应酬，在家中闭门苦读。"桃花石城坞，饷田三月时。柴门常自闭，花发少人知。"在这一段时间里，王安石认真研读了大量书籍，渐渐完善了自己与众不同的治学理念，从思想上走向了成熟。

年富有为守郡县

宝元二年（1039）二月二十三日，王益病逝于江宁通判任上。19岁的王安石在江宁为父守孝三年后，赴京参加科举考试，因卷中"孺子其朋"一句触怒了仁宗皇帝，降其第一名为第四名进士，出任"淮南签判"。此后历任鄞县知县、舒州通判、**常州知州**、提点江东刑狱等地方的官吏。

在淮南签判任上，王安石的工作只是文件的收发整理，很是清闲，所以他把大多数的时间用在了读书上，常常看书看到深夜，第二天来不及洗漱就去点卯，结果让上司韩琦误以为他是沉湎于声色，出于关心地训导他，王安石也不辩解。

三年任职期满后，王安石没有参加更利于平步青云的馆试，而是选择在地方上做知县，被任命为鄞县知县。鄞县也就是如今的宁波，王安石到这里后正赶上北方大旱，百姓争相向南逃荒，鄞县也涌入大批灾民。到任以后，王安石马不停蹄地开始了他的治县工作，主要成就有救济灾民、兴修水利、兴办学校、整顿吏治、**借贷青苗**等。

鄞县百姓对王安石评价颇高，县志中多处可见，称王安石"年甚少，气甚锐，而学甚富，其志意义所存远矣。"王安石去世后，县中为王安石建立祠堂，后来百姓又自发出钱出力重建。过去近200年，还有百姓指着王安石在当地留下的痕迹怀念他。

皇祐三年（1051），31岁的王安石被任命为舒州通判。通判只是副职，工作也比较清闲。失去了施展的舞台，王安石再次把时间大量投入读书写作上。他在天宁寨的通判厅侧边建起楼阁，名为"舒台"，夜夜在此读书，成为当地一景。后人有诗为记："荆公读书处，夜月生辉光。台高月皎洁，清影照回廊。至今留胜迹，千古有余香"。

在王安石任地方官期间，因其政声卓著、文采斐然，品行高洁，深受百姓和士大夫的好评，朝廷因此多次征召其进京供职，王安石却一直以家庭为由谢绝。至和元年（1054），翰林学士杨伟等人再荐王安石文行颇高，恳请授他要职。中书省官员上奏说王安石总也不参加选拔考试，只怕这次也不例外，于是，仁宗皇帝下诏直接任命王安石为集贤校理。

王安石四次上书推辞，皇帝只是下旨让他在京等候差遣，后来任命他做了群牧判官。王安石已在京等候数月，家人多病，又遇火灾，本就不多的财物焚毁殆尽，只得暂时留在京城。

当时，集贤院有一个叫沈康的人，听说王安石得了这官职，心中不服，就找到宰相陈执中说："我在集贤院任校理已经很长时间了，多次请求升任群牧判官，都没能批准。王安石如今已经卸任，又没有我资历深，希望您一定要改一下，让我做这判官。"陈执中回答说："王安石推辞召试，把机会让给别人，朝廷欣赏他淡薄名利，所以特别给予恩惠，岂是论资历来任命的？朝廷设集贤院招览天下有才之士，只论贤德，不曾按官爵论尊卑。你现在却如此与王安石争夺，相对于王安石的屡次推托朝廷优遇，也显得脸皮太厚些了吧？"沈康听后惭沮而去。

这个沈康千方百计想要得到的群牧判官，却并不被王安石看在眼里。他觉得这样的京官普通人都可以胜任。不能尽其所学，造福一方，乃是使父母蒙羞的事。所以，他更愿意留在地方上，虽然每天忙碌不止，却能够真真切切地为百姓做些实事。两年多时间里，王安石写了十多封请求外任地方官的信，直到嘉祐二年（1057），朝廷才同意让他出任常州知州。

在常州任上，王安石发现当地洼地较多，很容易发生涝灾，而且导致大量土地无法耕种，百姓深受其苦。为了解决这一难题，王安石筹划修建一条运河。但是却因为各县知县和转运使因循苟且，不予配合半途而废。

王安石在常州仅呆了半年多，朝廷提点江东刑狱的任命就下来了。王安石请求留任，没有成功，只好闷闷不乐地离开了常州。王安石精于断案的名声早在他任鄞县县令时就已经广为人知。很多疑难案件经他之手，很快便能水落石出。由于前提点江东刑狱沈康（同前文）贪赃枉法，被上司查出，谏官陈旭上书，指名请求让王安石接任。王安石在提点江东刑狱任上也没有呆多多久，嘉祐三年十月，再次被召入京，任三司度支判官。

嘉祐五年五月，在三司度支判官任上，王安石向仁宗皇帝上万言书——《上仁宗皇帝言事书》，对北宋当时的国家形势和现状做了全面深刻的剖析，体现了他的用人思想和治国理念，但并未受到宋仁宗的重视。他下令让王安石与司马光同修起居注。

　　司马光连上五道书请辞，不见批准，只好上任。王安石更固执，以入馆才数月为由连上了七道书。仁宗始终不同意放他，见他不去廷谢，就令阁门吏带着诏书到王安石工作的地方让他接旨。王安石依然不接受，传旨的官吏只好跟着他，王安石干脆躲到厕所里。阁门吏无奈，只好把诏书放到了桌案上，回去复旨。王安石出来，又派人追去把诏书还给他。朝廷最终没能拗过王安石，只好暂时作罢。这年十一月，仁宗再次下令让王安石修起居注，王安石又推辞了七八次才接受。

　　嘉祐六年辛丑（1061），为工部郎中、知制诰、纠察在京刑狱。直到嘉祐八年（1063）八月，王安石母亲吴氏病逝于京城，王安石辞去官职，扶柩回江宁守孝，直到治平四年（1067）宋神宗赵顼继位，才再次出山。在这段隐居金陵的时间，王安石开馆授徒，陆佃、龚原和蔡卞等人都是他的亲传弟子。

兴王只在笑谈中

神宗继位后，起用王安石为江宁知府，并托韩维向王安石之子王雱表达对王安石的敬重及希望王安石出山相助的愿望。熙宁元年（1068），神宗召王安石进京议事。当年四月，令王安石"越次入对"，开启千古君臣际会。这次会面君臣尽欢，王安石"择术为先"的治国之道令神宗大开眼界，也令神宗坚定了重用王安石的信念。神宗把王安石看作良师益友，王安石也深深感激神宗的知遇之恩，这两个有着相同理想和抱负的人终于走到了一起，从此给宋朝带来了翻天覆地的变化。

王安石接受神宗召见的第二天，就应命呈上了著名的《国朝百年无事札子》，透彻分析了当时教育、用人、民生、军事四方面存在的弊端。最后指出："天命不可常恃，人事不可常怠。则大有为之时，正在今日！"神宗看后，非常赞同，想要马上重用王安石，王安石却考虑到朝堂中改革的阻力，力主先进行讲学，为变法提供思想准备。于是，他被任为翰林学士。

熙宁二年，神宗力排众议，任命王安石为参知政事，第二年又任为同中书门下平章事，开始推行改革变法。这次变法从熙宁二年王安石任参知政事开始，围绕"富国强兵"两大目标，陆续实行了均输、

王安石塑像

青苗、农田水利、募役、市易、免行、方田均税、将兵、保甲、保马等新法。

王安石所推出的一系列新法，因为触及了富农及士大夫的利益，再加上当时宋朝官场以攻击大臣为荣的不正之风，遭到了以司马光为首的一些朝臣的强烈反对。当然，新法在执行的过程中也确实出现了一些预想不到的问题。但是，王安石为了能够使新法顺利推行下去，不再理会朝廷上那些只知一味攻击反对，却提不出合理办法的大臣的声音，致使一些下层官吏以新法为名，借机盘剥百姓。本应是利民的新法却损害了百姓的利益，这也成为他受后世所诟病的重要原因。

熙宁三年（1070），司马光根据王安石的作为出了一道"策问"题："如今有人说，天地不足畏惧，祖宗之法不必因循固守，庸人之言也不值得理会，请对这种说法进行辨证。"他想要引起天下人对王安石的口诛笔伐。为了保护王安石，神宗把这道题删去了，但却抽时间单独就"天变不足畏、人言不足恤、祖宗不足法"这一话题问了王安石。

王安石回答说这话并不是他说的，但是这种观点他却很赞同，并解释道："臣认为天地运行，自有其规律，日食月蚀，都是自然现象，和皇帝的行为没有什么关系。天地之道，玄虚难测，可能皇上您并不能完全接受这一点。但是，流俗之言不足惧，却是毋庸置疑的。那些流俗之人，不学无术，看问题只从自身出发，没有长远的目光，所以对一件事，不同的人会有不同的看法。所以，想要成就大事，认准了就一定要坚持到底，等事情做过了，成败才能显现出来。如果什么人的话都听，左右动摇，那就永无成功的时候了。至于祖宗之法不足守，本来就是这样的啊。仁宗皇帝号称守成之君，在位40年，也屡次修订成法，何况陛下这样的大有作为的皇帝呢？"

虽然"天变不足畏、人言不足恤、祖宗不足法"最早并不是出自王安石之口，但因为最能体现王安石的变革精神，所以后世都把它看作是王安石的至理名言。

孔子说：正人君子有三件敬畏的事情，一是天命，二是地位尊贵的人，三是圣人的教诲。无知的人不懂得凡事皆由天命因果主宰，所以不知道害怕，不尊敬贤人，不听从圣人的教诲。孔子一直受古代读书人的尊崇，他的"三畏"理论也被奉为圣言。但是王安石的"三不足"论，却颠覆了这一传统，呈现出一种崭新的精神风貌。

王安石和宋神宗的坚持，使得改革在"富国""强兵"两大目标上取得了很大的成就。"熙宁、元丰年间，中外府库无不充衍，小邑所积钱米，亦不减二十万"，到哲宗即位时，当时府库所积"常平、坊场、免役宽剩钱共五千余万贯"，"谷、帛二千八百余万"，变法收入可供 20 年之用，宋朝的国库已经大大地充实起来。在军事上也取得了熙河开边及河湟之役等战争的胜利。基本改变了北宋积贫积弱的局面。

但是，反对的声音却从未停止过。多年的操劳也已经使王安石的身体越来越差，神宗皇帝也成熟起来，所以王安石多次请求辞职，却一直被神宗挽留，直到"流民图"事件之后，迫于太后和反对派大臣的压力，神宗才同意让王安石暂回江宁休养身体。

熙宁七年四月，王安石以吏部尚书、观文殿大学士的身份出任江宁府知府，10 个月后便被召进京城，再度任相。直到爱子王雱病逝，伤痛之际无法再处理朝政，才再次罢相。虽然王安石中间因病辞去丞相之职半年多，熙宁九年后又不再参与政事，但新法一直在神宗的大力支持下进行着，只是对一些地方做了调整。直到元丰八年（1085）三月五日，神宗驾崩，幼子哲宗继位，太皇太后高氏垂帘听政，起用司马光。

由于受当时主流思想的局限，王安石虽然使国库充盈，却被称为聚敛之臣，又由于北宋遭受永乐兵败，也成了王安石"强兵"政策的失败。所以，在历史上，王安石和宋神宗的这场千古革新，被认为是失败的。

千古文章一大家

　　王安石为"唐宋八大家"之一，文学成就非常突出。而且他的作品亦和他的人一样，不落于流俗，不仅有自己的独到见解，而且多体现了对社会的关注和思考，与其他人多写一些风花雪月的诗词文章很不同。

　　王安石的诗"学杜得其瘦硬"，长于说理与修辞，善用典，风格遒劲有力，警辟精绝，亦有情韵深婉之作，尤其绝句妙绝天下，代表诗有《元日》、《梅花》等。他所创的"半山体"讲究炼字、对仗，意境优美含蓄，具有很高的艺术性。

　　王安石的词远没有诗的数量多，全宋词集中存有20多首，水平也高低不同，但其中亦不乏精品，最著名的有《桂枝香·金陵怀古》、《浪淘沙令·伊吕两衰翁》、《浣溪沙》等。

　　王安石的文章收录在《临川先生文集》中，以议论为主，多阐述自己的政治见解和主张，风格雄健简练、奇崛峭拔，在文学中具有突出成就。著名的有《祭欧阳文忠公文》、《上仁宗皇帝言事书》、《国朝百年无事札子》、《上时政疏》、《答司马谏议书》等，尤以《答司马谏议书》最是其中代表。

　　在淮南任上时，王安石结识了孙正之。两人关系很好，王安石留下很多写给孙正之的诗词文章。其中一篇《送孙正之序》写于庆历二年，是王安石现存较早的文章，而且其中体现了王安石早期的思想，对了解王安石具有很大的价值。

　　在序中，王安石写道："时然而然，众人也；己然而然，君子也。己然而然，非私己也，圣人之道在焉尔。"当下流行什么就认为什么是对的，这种人是普通人；自己认为对的就坚持己见，这种人是君子，坚持自己的见解，并不是自私自负的表现，是因为圣人之道在里面。只从这两句话中就可以看出王安石对流俗不以为然的态度。

对于因循守旧之流俗，王安石是深恶痛绝的。在写给刘敞的《与刘原父书》中，王安石说："阁下乃以'初不能无为'为有憾，此非安石之所敢闻也。今方万事所以难合而易坏，常以诸公'无为'耳。"这是王安石在常州任上大力修水利工程失败后，刘敞责备他开始就不应该有这种修水利的念头，也就是说一切照旧就行了。这种说法自然是王安石不能接受的，他认为正是因为大家都假借"无为而治"的名义，不思进取，才会使很多利国利民的好事无法开展。

曾巩曾经劝王安石不要那么固执，随俗一些，才有利于自己的仕途。王安石回信道："江东之流得毁于流俗之士，吾心不为之变。吾之所存，固无以媚斯而不能合流俗也。"不管别人怎么样，我的心是不会改变的。

王安石这种特立独行的风骨，以及挑战世俗的精神在很多文章中都有体现。他从不把别人的观点当作自己的，人云亦云。而是有自己的见解，只要自己认为是对的，就坚持下去。他的一生都在坚守自己的信念，不管遇到多大的阻力，招致多少的敌人，始终如一。

《上仁宗皇帝言事书》历历万余字，篇幅虽长，却是言之有物，从古时先王之政到当前实际情况，无不有理有据，提出的建议亦是切合实际情况，可以执行的，这也是王安石最可贵的一点。如果他对某一件事有不同的看法，他一定会给出自己的操作方法，而不是一味的批评指责。单是这一点，就远远超过那些只会夸夸其谈的所谓"君子"之流了。

熙宁五年（1073），欧阳修去世，王安石写了一篇《祭欧阳文忠公文》。虽然王安石执政后，两人的政见明显不同，已经处于不同的阵营了，但是，王安石的祭文却对欧阳修一生做了客观公正的评价，文中没有一点对欧阳修的不敬和批判，而是言辞恳切，感情真挚。相比于其他人的祭词或尽是誉美之词或尽是痛哭流涕之言，明显高出一大截。堪称是欧阳修所有祭文中最好的一篇。

司马光原本与王安石称得上是朋友，但随着王安石执政的深入发展，政见之不同，或许还有内心的不服气使得司马光变得越来越歇斯底里，成为王安石的头号政敌。在熙宁三年之前，司马光的态度还不至于太恶劣，青苗法推出后，司马光接连给王安石写了三封信，对王安石的做法及个人缺点做了全面批判。对此，王安石只写了一封回信，也就是著名的《答司马谏议书》。

王安石认为，两个人讨论政事时，常常意见不同，只是因为所学的治国之术有很大差异。王安石知道司马光不会认可自己的观点，并不想一一分辩，但出于尊敬，还是说出了自己的看法。针对司马光所罗列的"侵官、生事、征利、拒谏、怨谤"五条罪名，仅用百余字就全部驳回。最后说，如果司马光责问自己在位那么长时间了，却没能帮助皇上有大的作为，那么王安石知罪，但如果司马光说天下一切事都不应该变动，只需墨守成规，那么实在不敢苟同。

全文仅300多字，简洁明了，但有理有据，刚劲峭拔，实乃驳论文中的经典。

简洁有力也是王安石文章的一大特色，例如他的《读孟尝君传》，也是非常值得一提的。

"世皆称孟尝君能得士，士以故归之，而卒赖其力以脱于虎豹之秦。

呜呼！孟尝君特鸡鸣狗盗之雄耳，岂足以言得士！不然，擅齐之强，得一士焉，宜可以南面而制秦，尚何取鸡鸣狗盗之力哉？

夫鸡鸣狗盗之出其门，此士之所以不至也。"

全文仅90个字，却对之前1000多年间士人对孟尝君善于"得士"津津乐道进行了无情的批判。任用一些鸡鸣狗盗之人，能算得士吗？恰恰是因为这些人的存在，才使得真正的士不屑与之为伍，不入孟尝君之门。否则，以齐国当时的强大，称王称霸，制衡秦国亦是轻而易举的事，又岂会落得如此狼狈？

王安石的政论文章写得好，生活中的文章也不乏精品，《游褒禅山记》也是王安石的代表作。宋仁宗至和元年（1054），王安石任舒州通判时和几个朋友一起去游褒禅山，回来后写下了这篇文章，表达了要想做成一件事必须有坚定的志向和顽强的毅力，如果半途而废，就不能见识到最美丽的风景。就算最后没有实现愿望，但自己已经尽力了，也可以无悔了。不只游玩寻胜如此，治学写文，为人处理都应该是这样的啊。

千秋独守纸上尘

  王安石退居金陵后，前期的晚年生活过得还是比较闲适的。远离了政治的纷争，此时静下心来，徜徉于山林之间，与二三知己游山玩水，讲经论道，或止于道旁，或宿于禅寺，俨然是一个世外高人了。元丰元年（1078），特授开府仪同三司，封舒国公，领集禧观使。三年（1080），授特进，改封荆国公，所以后世常称荆公。

  在王安石第二次出任宰相时，就已经为自己的再次归隐做好了准备。他已经深深地知道，这次出来的时间不会久。神宗已经成熟了，不需要再事事依赖他了。而且他自己的身体每况愈下，也已经不容许他再日夜操劳。最重要的是，王安石该做的事情已经差不多做完，新法都已经相继出台，余下的只是如何贯彻实施，是守成的问题，神宗一人就可以支撑局面了。

  所以，王安石早早地就托江宁的朋友为购买一块田地，以做终老之计。这块地就在江宁城外白塘，距江宁城七里，距蒋山也是七里，地处入山之半途，所以王安石给它取名为"半山园"。半山园东面不远，就是有名的"谢公墩"，南面有定林寺，附近还有孙权墓、宝公塔等，虽然偏僻，却很适宜隐居。

江西抚州王安石纪念馆

  退居江宁以后，王安石并非无事可做，删定《字说》是他的一项重要工作。以前，在朝中时政务缠身，一直没能定稿，如今总算有时间详细推敲了。对于《字说》，王安石投入了极大精力，想要给后世留下一部经得起品评的文字学著作。《字说》二十四卷，删定之后上呈神宗，神宗当即把它定为学子必读的教材，与《三经新义》并行于世，在当时影响很大，深受好评。可惜的是，后来，反对派们当政，不辨优劣，但凡与王安石相关的尽皆废除，《字说》亦不能幸免。

著作之余，王安石就会走出"半山园"，四处闲逛。钟山是他最常去的地方，累了就去定林寺的禅房里歇息，天晚时才回。出游时，也常常毫无目的，随心适意。有一次，王定国去看望荆公，正遇到荆公骑驴出行，一个仆人牵着驴跟随。王定国就问指使（宋朝官员属下供差遣的低级军官）相公要去哪里。指使回答说，如果牵驴的仆人在前面走，那就听仆人的，牵到哪儿是哪儿。如果仆人在后面，那就听驴的，驴走到哪儿就是哪儿。什么时候相公想要停了就随时停下来，或是坐在松石上，或是去到农户家里，或是去附近寺院。但有一点，就是随行一定要带着书。有时骑在驴上诵读，有时停下来休息时诵读。每次还用囊装着十几个饼，饿了就吃饼，相公吃完，给牵驴的仆人吃，剩下的就喂驴了。有时候，附近的山野人家献上饮食，也吃，并不客气。

但神宗去世后，司马光进行"元祐更化"，一上台就借为神宗办丧事之机，把一干变法之臣尽皆贬出朝廷，同时起用反对变法之人。下一步便是废除新法。按照礼法要求，"三年无改于父道"，也就是说哲宗继位后，三年之内都不应该变革神宗定下的法令。但是，司马光说，王安石所出台的法令并不是神宗的本意，而且当时乃是高氏听政，应属"母改子政"，合情合理。

于是，元丰八年七月，罢保甲法。十一月罢方田法。十二月罢市易法，保马法。元祐元年二月，罢青苗法。三月，罢免役法。至此，荆公所推行的新法几乎全部罢去。荆公与神宗等人十余年的心血付之东流！

家人担心荆公承受不了打击，都不敢在他面前提起这些事。

有一天，一个举子从京城回来，前来看望荆公。荆公问他京城最近有什么事情发生。

举子如实答道："最近朝廷有令学子们不得看《字说》。"

荆公沉默良久，才说道："法度可以更改，文字也不能作吗？"

这天晚上，荆公彻夜不眠，在床前走来走去，直到天亮。其胸中不平不气，由此可见。

等到司马光把免役法也废除，重新实施差役法时，荆公再也忍不住，痛声责问道："亦罢至此乎？"为什么丝毫不考虑其存在的优势，只知一味罢除！

荆公对免役法抱着坚定的信心，他坚信免役法即使此时被司马光废除，也终有一天会恢复。免役法是荆公与神宗商议长达两年才推行的，其间种种细节无不考虑周全。荆公的判断是对的，哲宗亲政后，重新起用变法重臣，熙宁、元丰年间的新法又得以逐步恢复，此后，各朝代也都在实行免役法，并对其进行了发展，直至今日。

然而，在当时，荆公再多的痛心与感慨也与事无补，"不在其位，不谋其政"，荆公一再告诫自己不要再插手朝廷之事，所有的郁郁之气全都压在心里。本就多病的荆公经历了神宗驾崩和司马光废除新法的一系列打击，生命渐渐走到了尽头。宋哲宗元祐元年（1086）丙寅（4月6日），王安石在江宁病逝，终年66岁。

荆公去世之时，正是司马光当政，因为两人是政敌，所以前来吊唁的人很少。荆公去世后，关于新法的争议依然存在，在新旧两派的斗争中，新法越来越偏离原来的轨道，逐渐演化成政争的工具，也使得荆公蒙受千载垢病。南宋朝廷为了推脱亡国罪责，把责任归咎于蔡京等人，又因为蔡京打的是支持新法和荆公的名义，所以，最终荆公成了导致宋朝灭亡的元凶。小说家以荆公为主角编造各种传言来指责荆公，另有一些人敬佩荆公胆识及才学，不甘荆公受此骂名，考证历史，希望还荆公以清白。历历已近千年，争议依然在热烈地进行着。

由于《宋史》及一些文人的恶意污蔑，事情的真相已经很难清晰地呈现在人们的面前。但我们仍能从历史留下来的片言之语中发现荆公的伟大之处。尤其是他的文章，不管多少人对他的政治作为予以否定，也无法抹杀他在中国文学史上的重要地位。